K.O. Schmidt

Das große JA

K.O. SCHMIDT

Das große JA

Ein Wegweiser zur Selbstverwirklichung
und zur Neugestaltung des Lebens durch
dynamische Mystik

FRICK VERLAG GMBH
POSTFACH 447 – D-75104 PFORZHEIM

Bibliografische Information Der Deutschen Bibliothek
Die Deutsche Bibliothek verzeichnet diese Publikation in der
Deutschen Nationalbibliografie; detaillierte bibliografische
Daten sind im Internet über http://dnb.ddb.de abrufbar

Copyright 1981
by Frick Verlag GmbH,
Pforzheim

2016
Zweite Auflage

Alle Rechte, auch die der fotomechanischen und der
auszugsweisen Wiedergabe, sowie der Übersetzung vorbehalten.

Coverfoto: © Romolo Tavani   © www.fotolia.com

Covergestaltung: Brigitte Jach

Druck: Books on Demand GmbH, Norderstedt

ISBN 978-3-920780-38-2

Inhaltsverzeichnis

Geleitworte zum ‚Großen JA' 7

Sinnerfüllte Lebensgestaltung 9
Trost im Leiden 11
Das Geheimnis des JA 12
JA zur Mystik 14
Wesen der Mystik 16
Mystik – Kern der religio 18
Wesen des Mystikers 19
Erleben des Mystikers 21
Die unsichtbare Gemeinschaft 24
Die frohe Botschaft der Mystik 25

JA zu uns selbst 27
Der Weg nach innen 29
Sammlung 34
Betrachtung 35
Wandlungskraft des Gebets 37
Versenkung 39

JA zum Menschsein 42
Selbst-Besinnung 44
Der innere Mensch 47
Der lebendige Gott in uns 49

JA zum Dasein 52
JA zur Welt 54
Gelassenheit 56
Hinwendung zum inneren Leben 58
Das göttliche Leben 61

JA zur inneren Kraft 63
Kraftfelder des Lebens 65
JA zum Können 67
Der offene Himmel 68

JA zur inneren Führung ... 70
Das innere Licht ... 72
Inspiration und Intuition ... 75
JA zum Schaffen ... 76
Christus in uns ... 79
Religio ... 83

JA zum Guten und Schönen ... 85
Was Unity lehrt ... 89
Freude ... 92
JA zu Glück und Erfolg ... 96
JA zur Gesundheit ... 98
JA zur Fülle ... 100
JA zum Schicksal ... 102
Freiheit von innen her ... 104

JA zum Vollkommenerwerden ... 108
JA zum Fortschritt ... 111
Einweihung ... 113

JA zur Selbstverwirklichung ... 116
Gott-Geburt ... 122

JA zur Liebe ... 124
Liebe ist Religion in Aktion ... 125
Nächstenliebe als praktische Religion ... 127
Geist der Einheit ... 130
Frieden ... 132
Einheit der Menschheit ... 135

JA zum Einssein mit dem Ewigen ... 137
Gottunmittelbarkeit ... 140
Ewiger Aufstieg ... 141
Die überweltliche Gottheit ... 144

Geleitworte zum ‚Großen JA'

Der Unendliche Geist des Lebens hat uns Menschen - wie alles Lebendige – mit dem Vermögen fortschreitender Vervollkommnung ausgestattet und uns befähigt, über uns selbst hinauszuwachsen und Dem ähnlicher zu werden, der uns schuf.

Der Schlüssel dazu ist das ‚*Große JA*', von dem alle erleuchteten Weisen, Mystiker und Vollendeten seit je künden. Es ist das JA nicht nur zu uns selbst, sondern zugleich zum Menschsein und zum Leben, zur inneren Kraft und zur inneren Führung, zu allem Guten und Schönen, zur Liebe und zum Einssein mit dem Ewigen.

Wie mit jedem JA neue Kräfte und Möglichkeiten mobilisiert werden und die Meisterung des Lebens zu einem berauschenden und beglückenden Abenteuer wird, das hat der Lehrer psychodynamischer Lebenskunst, K.O. Schmidt, im vorliegenden Wegweiser zur Selbstverwirklichung auf unvergleichliche Weise dargelegt.

Mit heller Begeisterung habe ich Seite um Seite durchgearbeitet und bin tief beglückt über diese *völlig neuartige Anleitung zur Sinnerfüllung des Lebens durch dynamische Mystik*. Es ist eines der reifsten Werke unter den nun über hundert Lebensbüchern des Verfassers.

Diese Botschaft vom ‚Großen JA' wird durchweht vom Geist der *Liebe,* die jedem helfen möchte, er selbst zu werden und zu einem Leben in Harmonie mit dem Unendlichen zu gelangen. Man ist überrascht von der geistigen Tiefe der hier vermittelten Hilfen zum Erwachen der Seele und zum Erleben der Gottunmittelbarkeit. Unsere Innenwelt wird spürbar lichter und unsere äußere Umwelt und das Leben in ihr wird leichter.

Dem, der noch nicht weiß, was *rechtes Denken* in seiner letzten Konsequenz bedeutet und bewirkt, werden hier die Augen geöffnet. Hier wird ihm bewußt, wie wenig im Grunde dazu gehört, zum befreienden JA zu finden. Aber dieses Wenige muß er selbst vollbringen. Geschieht das, dann beginnt eine Kettenreaktion wunderbarer Wandlungen, Erfüllungen und Vollendungen.

Alles Große geschieht in der Stille. Dies gilt auch für die dreifache Erkenntnis, daß *alles innen ist,* daß *alles gut ist* und daß *jeder befähigt ist,* seine Aufgabe hier auf Erden erfolgreich zu lösen und zur Erfüllung seiner höchsten Sehnsüchte und Hoffnungen zu gelangen.

Es ist unendlich ermutigend und inspirierend, den Reichtum des hier dargebotenen Erkenntnisguts in sich aufzunehmen. Beglückend ist die Einfachheit und sprachliche Schönheit dieser Wegweisungen, die unmittelbar zum Herzen sprechen und zu den höchsten Bewußtseinsstufen hin anleiten.

Wer dem hier gezeigten Weg des JA folgt, fragt nicht mehr nach dem Sinn des Daseins: er wird selbst zum Sinngeber und Sinnerfüller seines Lebens! Er lernt aus einer Fülle zu schöpfen, für die es keine Begrenzungen gibt. Er wandelt sich unmerklich in einen Meister seiner selbst und seines Schicksals und bewirkt, daß die Sonne des Glücks in seinem Leben nicht mehr untergeht.

Alle Licht- und Wahrheitssucher werden sich diese Wegweisung dankbaren Herzens dienen lassen. Möge der allmächtige Geist des Lebens sie und dieses Werk segnen!

Fra Tiberianus

Sinnerfüllte Lebensgestaltung

„Der Sohn Gottes war nicht ‚Ja und Nein', sondern es war JA in ihm. Alle Gottesverheißungen sind JA in ihm, und sind Amen in ihm, Gott zu Lob durch uns." (2. Kor. 1.19 f.)

„In ihm wohnt die ganze Fülle Gottes lebendig, und ihr seid vollkommen in ihm." (Kol. 2, 9 f.)

Allen technisch-zivilisatorischen und wissenschaftlichen Fortschritten zum Trotz ist der Mensch sich selber fremd geworden. Er ist aus seiner Mitte gerissen, innerlich entzweit und sich der Verbindung seines Wesenskerns mit einer höheren geistigen, kosmisch-göttlichen Welt unbewußt geworden ...

... Dieser inneren Gespaltenheit und Zerrissenheit, Unerlöstheit und Einsamkeit des Menschen entspricht seine gleichermaßen aus den Fugen geratene, von ihm selbst mißgestaltete und stürmisch sich wandelnde Umwelt, die ihn mit Angst und Unsicherheit erfüllt und mit existenzbedrohenden Problemen bedrängt ...

So ist der Anschein. Aber tieferer Einsicht erweist sich, daß das Rettende immer nah ist und daß selbst die wachsenden Herausforderungen und Nöte im persönlichen und kollektiven Schicksal in sich das *Gute* bergen:

Sie rühren immer mehr Menschen innerlich auf und treiben sie an, nach *wirklicher* Sicherheit, Gewißheit und Geborgenheit zu suchen.

Bei dieser Gral-Suche wird ihnen schrittweise bewußt, daß alle äußeren, materiellen, persönlichen und gesellschaftlichen Reformen *Scheinlösungen* bleiben und daß nur vom *Geiste* her wahre Abhilfe, Selbsthilfe und Sinngebung des Lebens möglich wird ...

... Nur vom Geiste her beantwortet sich die Kardinalfrage nach dem *Sinn des Daseins,* der auf fortschreitende Höherentfaltung allen Lebens in Liebe und Freiheit zielt, auf ständige Veredelung und Vergeistigung der Wesen.

Praktisch bedeutet das die Hinwendung zu immer neuen positiven Denkweisen und zu dynamischer Lebensordnung mit dem Blick auf das Wohl des Ganzen und auf zunehmende Harmonie mit dem Unendlichen.

*

Wer tiefer sieht, erkennt in der bisherigen Entwicklung vom Atom zum Molekül, zur Zelle und zu den immer komplexeren und zweckvolleren organismischen Zellstaaten der Pflanzen, Tiere und Menschen einen allem zugrundeliegenden *Zug nach oben,* aus der Un-, Kaum- und Halb-Bewußtheit zu immer höheren Graden der Vollbewußtheit und Überbewußtheit.

Zugleich erweist sich alles Leben als Ausdruck und Verkörperung schöpferischer *Liebe,* hinter der der kosmische All-Liebeswille einer zentralen geistigen Ur-Macht spürbar wird.

Von der Warte des Geistes aus gesehen offenbart sich das Leben als ein Wachstumsprozeß, der kein Ende hat und ständig mit Mutationen einhergeht: mit Wandlungen, die der Entfaltung immer neuer Kräfte und Fähigkeiten, höherer Möglichkeiten und Vollendungen dienen.

In diesem universalen Selbstoffenbarungs-Prozeß des Geistes geht keine Bemühung und Anstrengung, kein lichter Gedanke und kein positiver Impuls verloren. Obwohl jeder Augenblick Untergang und Übergang in sich bringt, braucht kein Wandel, keine Veränderung zu schrecken. Denn immer leiten sie Neubeginn und Aufgap des jeweils Besseren, Größeren, Vollkommeneren ein und machen hinter allem Wechsel eine wandelfreie höhere Welt der Allgeborgenheit spürbar.

Und was im Blick auf die irdische Evolution gilt, trifft entsprechend auf die kosmische Entwicklung zu, denn das Universum ist eine geistige Einheit. Der Mensch als Mikrokosmos ist ein Ebenbild des Makrokosmos, von gleich unerschöpflichen Gedanken- und Geistwellen durchpulst und von wachsenden Kräften erfüllt und getragen wie Zentillionen Wesenheiten anderer Sternenwelten in allen Fernen des Alls.

Trost im Leiden

Wir Menschen haben darum allen Grund, bewußt *JA zu sagen:* JA zu uns selbst, zum Menschen und zum Dasein, zur inneren Kraft und Führung, zum Guten und Schönen, zum Schicksal und zur Selbstwerdung, zur Liebe und zum Einssein mit dem Ewigen.

Denn der sichere Weg zu positiver und sinnerfüllter Lebensführung führt über dieses *Große JA* zu allem, was wir ersehnen und erhoffen, wünschen und wollen, glauben und verwirklichen möchten.

Das heißt im einzelnen:

Wer mit sich und seinem Schicksal unzufrieden ist, wer vom Leben enttäuscht wird und mit dem Dasein nicht zurechtkommt, kann sich in jeder Lage und in jedem Alter selbst befreien und durch das Große JA Sinn und Ordnung, Harmonie und Fülle in sein Leben bringen.

Wer etwas fürchtet, wer mit Spannungen oder Hemmungen, Minderwertigkeitsgefühlen oder Problemen zu kämpfen hat, kann durch das Große JA zum Selbstüberwinder und Sieger im Lebenskampf werden.

Wer von Schwermut zu mehr Mut finden möchte, wer mehr Durchsetzungskraft und Erfolg ersehnt, kann dies durch Umschaltung auf das Große JA erreichen.

Wer mit seiner Arbeit, seinem Beruf oder der Umwelt Schwierigkeiten hat, wer unter inneren oder äußeren Mängeln oder Schwächen leidet, kann lernen, durch das Große JA neue produktive Kräfte und Fähigkeiten zu entfalten.

Wer größere körperliche und geistige Widerstandskraft und gesundheitliche Stabilität wünscht, kann sich dazu des Großen JA bedienen.

Wer sich vor dem Versagen fürchtet, vor dem Vergehen und Sterben, kann durch das Große JA Trost, Mut und Todesüberlegenheit gewinnen.

Wer zu besserer Versorgung, zu mehr Sicherheit, Wohlstand und Glück gelangen möchte, kann das durch die innere Hinwendung zum Großen JA bewirken.

Diesen sicheren Weg zu immer vollkommenerer Selbst- und Daseinsmeisterung kann jeder aus eigener Kraft, ohne fremde Hilfe, mit wachsendem Gewinn einschlagen, wenn er sich, wie im folgenden dargelegt wird, dieses bedingungslose JA zur Gewohnheit, zur zweiten, zur ersten Natur macht.

Das Geheimnis des JA

Es gibt in der Tat einen Universalschlüssel zu allem Guten in uns, im Leben und in der Welt: mit diesem Schlüssel, der ‚JA' heißt, können wir die geheimsten Schatzkammern des Innern öffnen und bisher schlummernde, ungemünzte Talente und geniale Potenzen hervorholen und segenbringend betätigen.

Seit je war *Einzelnen* bekannt, welche magischen Verwirklichungskräfte dem *JA* innewohnen. Heute kann *jeder*, kann *jede* lernen, diese Kräfte im Dienste sinnerfüllter Lebensgestaltung zu aktivieren und erfolgbringend zu nützen.

Denn das JA – *jedes JA* – ist ein Wort des Lebens. Es entfesselt – bewußt gedacht, gesprochen und betätigt – schöpferische Bildekräfte, die im Maße der Inbrunst der Bejahung nach Verwirklichung streben.

Unser JA befähigt uns, alles mit neuen Augen zu sehen und in allem, was geschieht, das *Gute* zu erspähen und zu ergreifen, die verborgene Schönheit und Gerechtigkeit, Wahrheit und Fülle zu unserem und unserer Nächsten Wohl optimal auszuschöpfen!

Das JA, das hier gemeint ist, ist kein passives Hinnehmen, sondern ein aktiv-dynamisches Segnen und Zueigenmachen. Das ‚Amen' als Gebetsschlußwort meint ursprünglich das gleiche gläubig-feierliche *JA, wahrlich, gewiß, so ist es'*.

Wer bewußt auf JA schaltet, der bewirkt und erfährt, daß das Gute im Leben das ‚Schlechte' – das noch unentfaltete Gute – nicht nur überwiegt, sondern überwindet. Das JA macht alles im Leben nicht nur erträglich, sondern ertragreich. Es macht unsere Arbeit fruchtbar und erfolgreich, unseren Stand und Gang fest und frei. Es gibt uns die Sicherheit, stets die rechte Entscheidung zu treffen. Es wirkt wie eine geistige Schutzhülle, die Bedrohungen und Gefahren fernhält, so daß wir gelassen unseren Weg gehen.

Jede Bejahung hat – als Folge der Verwirklichungstendenz der Gedanken – schicksaländernde Auswirkungen. Sie hebt negative Umstände und Bedingungen auf und macht die Bahn frei für das Bessere. Sie läßt uns unserer Freiheit bewußt werden, alles zu vollbringen, was wir beharrlich bejahen.

JA-Sagen heißt segnen. Und was wir segnen, bringen wir zum Wachsen und Gedeihen, zur Mehrung und zur Vollendung.

Die Bejahung ist die optimale Form des *Gebets,* das jene Kraft des Glaubens aktiviert, der nichts unmöglich ist, und jene Weisheit des Herzens, die zum Verstehen unserer selbst und unserer Nächsten verhilft. Sie erfüllt uns mit Freude und Dankbarkeit für alles Gute und mit dem Geist der Liebe und der gegenseitigen Hilfe. Sie bewirkt in jeder Lage den göttlichen Ausgleich zum Besten aller.

Dieses Große JA ist das Charakteristikum des zu sich selbst erwachten homo sapiens, der seiner höheren Vernunft und seiner Intuition folgt und zugleich tief innerlich spürt, daß er Vorstufe und Vorläufer ist des homo superior und des homo universalis der Zukunft.

Insgesamt ist das *Große JA*, das jedem hilft, sich selbst zu helfen und sich als Selbstgestalter seines Schicksals zu erweisen, eine *Aktion dynamischer Mystik*.

JA zur Mystik

Das JA zum Leben aus dem Geiste ist ein *JA zur Mystik*.
Das bedarf, um verstanden zu werden, einer Erklärung und Begründung.

Die Mystik steht am Anfang aller Kultur als erstes Innewerden eines über das Sinnendasein hinausgehenden geistigen Lebens und Seins, das bis hinauf zum Geist des Alls, bis ins Herz der Gottheit reicht.

Die Mystik ist die ideale Synthese von geistiger Wirklichkeitsschau und positiv-dynamischem Handeln im täglichen Leben. Sie vereint den kontemplativen mit dem aktiv-tätigen Menschentyp. Sie rief die großen JA-Sager der Menschheit hervor, die Begründer der einzelnen Kulturen und der Weltreligionen, deren Seelensinne die größere Wirklichkeit und die Unvergänglichkeit und Gotterfülltheit allen Lebens schauten.

Wann immer an den großen Wendepunkten der Menschheitsgeschichte ein Niedergang der geistigen Entwicklung drohte, traten Mystiker, Erleuchtete, Vollendete auf den Plan und lösten neue positive Bewegungen aus – zum Geiste und zur Gottverbundenheit hin.

Sie waren es zu allen Zeiten, die das Leben in seiner höchsten Form bejahten. „Denkt nur" – sagen sie mit Meister *Eckehart* – „was für ein Leben in Vollkommenheit der Mensch auf Erden zu führen vermag, ein Leben wie im Himmel", wenn er sich seiner wahren Stellung und Macht bewußt wird.

Dazu ist es unerläßlich, zuvor klarzustellen, was *Mystik nicht ist*.

Von vornherein muß unterschieden werden zwischen lebendiger *Mystik* und jenem Mystizismus, der auch als Magie, Esoterik, Okkultismus und ‚Geheimwissen' in Erscheinung tritt und an seiner meist dunklen und verschwommenen Sprache erkennbar ist. Jeder Mystizismus führt auf Um- und Abwegen ins Ungewisse, zu illusionären, autohypnotischen Pseudo-Visionen und -Auditionen und anderen parapsychischen Phänomenen.

Im Gegensatz dazu führt der Weg der Mystik zu wachsender geistiger Wachheit und Klarheit, zu dynamischer Bewußtseinserweiterung und zum Aufgeschlossensein für die lichte Wirklichkeit hinter der Scheinwelt der Sinne.

Der Entfaltung und Pflege okkulter Kräfte und Fähigkeiten bedarf es hier nicht. Sie sind keine Zeichen mystischen Lebens, sondern bestenfalls vorübergehende Begleiterscheinungen auf den ersten Stufen des Weges nach innen, die der Mystiker nicht beachtet.

Weiter ist Mystik nicht, wie einzelne Theologen argwöhnen, *Pantheismus,* gedankenlose Gleichsetzung von Welt und Gott. Sie ist vielmehr dynamischer *Panentheismus,* wie ihn alle Erleuchteten vertreten: „*In Gott* leben, weben und sind wir".

Weiter hat die Mystik nichts mit jener affektbetonten ‚*Frömmigkeit*' zu tun, die Ausdruck innerer Ungelassenheit aus Führungslosigkeit und Ichgebundenheit ist und als Dogmatismus, Konfessionalismus und Sektentum stagniert. Mystik ist *schöpferische religio*: lebendiges Bewußtsein des Verbundenseins mit der transzendentalen geistig-göttlichen Wirklichkeit hinter der Welt der Erscheinungen.

Mystik ist kein -ismus irgendwelcher Art und Richtung, sondern ursprüngliches, eigenständiges immer wieder neues und beseligendes Wahrheitserleben. Doch ist sie nichts, was nur einzelnen Höhenmenschen vorbehalten ist, sondern etwas, das *jedermann* zu seinem inneren Gewinn erfahren kann, wenn er sich statt nach außen nach *innen* wendet und zu sich selber heimkehrt.

Darum ist das Fundament jedes JA ein *JA zur Mystik.*

Wir berühren damit das Wesen der Mystik, die nicht Weltverneinung und Lebensflucht ist, sondern, wie sich im weiteren zeigen wird, Welt- und Lebens-Bejahung, -Verklärung, -Durchgeistigung und -Durchgottung.

Wesen der Mystik

Zwei Augen hat die Seele, sagt der Mystiker: „das eine schaut auf die Zeitlichkeit, die äußere Welt, das andere richtet sich auf die innere Welt und die Ewigkeit".

Um das letztere zu vollbringen, muß die Seele das sinnenwärtsgerichtete Auge schließen. Für die anderen Sinne gilt gleiches: erst wenn das äußere Ohr geschlossen ist, kann das innere Ohr sein Hörvermögen entfalten und aufnahmefähig werden für die Stimme der Stille. Nur wenn das äußere Tasten und Fühlen aufhört, beginnt das innere Erfühlen der Gegenwart der geistigen Welt und des Reiches Gottes.

Das griechische Wort ‚*myein*', von dem sich das Wort ‚Mystik' herleitet, meint das Verschließen der äußeren Sinne, damit die inneren sich öffnen und im Hinabtasten in den Grund der Seele des Wesentlichen innewerden. So gesehen, umfaßt die Mystik das dem diskursiven Denken des Verstandes ‚Verschlossene', das ihm unzugängliche superrationale, metaphysische, höherdimensionale Geistig-Göttliche.

Demgemäß führt auch die Tiefenpsychologie nicht zur Mystik. Dazu ist dynamische *Höhenpsychologie* erforderlich, Herzdenken statt Hirndenken. Zudem ist Mystik weder lehr- noch lernbar, sondern nur auf dem Wege ins eigene Innere erleb- und erfahrbar. Und sie bleibt immer ein *Geschenk von oben*, zu dem man, wenn man durch innere Arbeit dafür reif geworden ist, durch die geringsten Anlässe gelangen kann – etwa in einem Augenblick der Selbstversenkung oder der Gewissenserfahrung, durch den besonnenen Blick auf den Sternenhimmel oder eine Blume, in das Auge eines Tieres oder eines Kindes –, durch die Berührung mit dem Leid, mit der Vergänglichkeit, dem Tode oder durch jähes Wachwerden für die Wunder des Innen-Alls und des Universums.

Was sie offenbart, sind Erfahrungstatsachen, die nacherfahren werden können, Innewerdungen des geistigen Hintergrunds der sichtbaren Wirklichkeit, der außersinnlichen Bereiche bis hinauf zu den höchsten himmlischen und überhimmlischen Bereichen.

Die Mystik führt zum beglückenden Bewußtsein des *ewigen Lebens* mitten im Getriebe des endlichen Daseins. Zugleich verhilft sie zur Vereinigung kristallklarer Wirklichkeitsschau mit der Kunst dynamischer Lebensgestaltung. Sie öffnet Zugänge zu Fortschritten und Freuden, Reichtümern und Beglückungen, die der noch im Alltag Auf- und Untergehende für unerlangbar hält.

Darüber hinaus ist Mystik sicheres Wissen um die letzten Dinge. Sie stillt den Hunger nach dem Absoluten. Aber alle Definitionen der Mystik als ‚dynamischer Spiritualismus', als ‚Bio-Theosophie' oder ‚transzendentaler Vitalismus' berühren immer nur *eine* der vielen Pyramiden- und Prismen-Flächen des Lichtkristalls ‚Mystik'...

Dem Menschen, der bisher an der Oberfläche des Daseins dahinvegetierte, macht die Mystik die *Dimension der Tiefe* bewußt, die er in seinem eigenen Innern berührt. Sie führt ihn zuerst und vor allem zu sich selbst: zum gottförmigen Kern seines Wesens. Sie macht ihm damit seine innere Freiheit und Unvergänglichkeit bewußt und verhilft ihm zu höchster Selbstverwirklichung und zum Einswerden mit dem All-Selbst der Gottheit.

Damit macht die Mystik den *geistigen Adel des Menschen* sichtbar: sein Königtum, sein potentielles Angelegtsein auf das Göttliche. Indem sie die *innere Einheit allen Lebens* offenbart, überbrückt sie die Kluft zwischen Ich und Du, zwischen dem Einzelnen und der Gemeinschaft. Insofern ist die Mystik auch ein sozialer Faktor.

Mystik – Kern der religio

Vor allem aber macht die Mystik die *Einheit von Mensch und Gott* erfahrbar.

Für die meisten Menschen ist Gott eine unbekannte Größe, das geheimnisvolle ‚X' in der Lebensgleichung. Der Mystiker macht aus dieser Unbekannten eine erfahrbare Größe: er erlebt Gott als innere Kraft, als Licht, als den seinem Geist verwandten Allgeist. Er weiß um die Einheit von Seelengrund, Weltengrund und Gottesgrund.

Nun werden zwar alle Menschen mit einem ‚religiösen Grundgefühl' geboren. Aber infolge falscher Erziehung entartet es zu einem Mißgefühl des Abstands oder Fernseins von der geahnten höheren Wirklichkeit, das bis zur Leugnung gehen kann.

Was selbst Gläubige meist vergeblich ersehnen – das ‚Schauen von Angesicht zu Angesicht', ist für den Mystiker Strebensziel und Erfüllung. Dabei bleibt er sich bewußt, daß dieses Schauen nur Vorstufe ist, weil es für den Gott-Geeinten nichts mehr gibt, was zu schauen wäre, wenn die Gottunmittelbarkeit erreicht ist.

Das meint Meister *Eckeharts* Mahnung: „Solange wir noch beim Schauen stehenbleiben, sind wir noch nicht *in* dem, was wir schauen. Solange noch etwas Gegenstand unserer Betrachtung ist, sind wir noch nicht *eins* mit dem Einen".

Als Religion der Unmittelbarkeit kündet die Mystik den innewohnenden Gott. Sie macht das Angelegtsein des Menschen auf Gott hin und damit seine Freiheit gegenüber allem, was geringer ist, bewußt.

Aus dem Erleben des göttlichen *inneren Lichts* sind alle Religionen hervorgegangen. Die Mystik ist, so gesehen, das Herz aller *religio,* die Antwort auf das namenlose Sehnen der Seele nach Gewißheit und Wirklichkeitserkenntnis, die *Wieder-Verbindung* und Einung von Gott und Mensch.

Das *Große JA zur Mystik* ist ein JA zur Religion als der höchsten Sinnerfüllung des Lebens. Hinter der Mannigfaltigkeit der Religionen und Konfessionen macht sie deren innere Gemeinsamkeit sichtbar. Je tiefer einer in seine eigene Religion eindringt, desto näher kommt er diesem Gemeinsamen, alle Einenden.

Das JA zu dieser Einheit ist das kürzeste Gebet des Herzens, das immer beantwortet wird. Es ist das Bekenntnis zur Gotteskindschaft jedes Wesens, das sich als Segnung auswirkt. Es besagt:

„Ich weiß, daß Gott immer in mir ist und mich in all meinem Denken und Tun segnet und behütet, fördert und lichtwärts leitet!"

Wesen des Mystikers

Im Grunde ist jeder Mensch ein geborener Mystiker. Er muß sich dessen nur wieder innewerden. In Wahrheit schöpft er aus den inneren Lebensquellen. Auch wenn diese weithin verschüttet sind, sickert doch immer wieder die Ahnung eines höheren, reicheren, glücklicheren, vollkommeneren Lebens bis ins Alltagsbewußtsein durch und erfüllt das Herz mit der Sehnsucht nach dem Unendlichen.

Die meisten Menschen schlafen noch, obwohl sie zu wachen meinen. Manche stehen vorm oder im Erwachen, und einzelne sind teilweise oder voll erwacht: die *Mystiker,* die großen Erleuchteten und Vollendeten. Ihr Wissen ist Erfahrungswissen, nicht Spekulation wie die Hypothesen der Philosophen oder die Dogmen der Theologen.

Da ihr Wissen im Seelengrund erwachte, haben und brauchen die Mystiker keine Lehrer oder Mittler, keine äußeren Autoritäten, weil sie alles unmittelbar von innen empfangen. Nach außen hin unterscheiden sie sich nicht von ihren Mitmenschen – es sei denn durch größere Geduld und Duldsamkeit, Gelassenheit, Güte und Liebe.

Frömmler und Dogmatiker sehen *sich* auf der einen Seite und das ‚Ganz-Andere', Göttliche unerreichbar auf der anderen Seite. Der Mystiker erlebt sein *Einssein*. Darum sind ihm Verlorenheits-, Schuld- und Sündenbewußtsein fremd. Er weiß sich allen äußeren Unzulänglichkeiten zum Trotz auf dem Wege fortschreitender Vervollkommnung und Durchgottung.

Der Alltagsmensch sagt, was er weiß. Der Mystiker weiß, was er sagt. Glaubensstreitigkeiten liegen ihm fern. Wer streitet, weiß nicht; wer weiß, streitet nicht. Sein Weg führt über den bloßen Glauben als Ausdruck der Zweiheit hinauf zum Gewißsein des Einsseins mit dem Einen, von dem er voll Enthusiasmus kündet.

Seit je waren die Mystiker die großen Abenteurer des Lebens, die mutig in noch unbetretene und unerforschte geistige Welten vorstießen und das neue Land erforschten für die, die nach ihnen kommen. Sie sind die geistigen Pioniere der Menschheit im Bereich der überbewußten, transzendenten Wirklichkeit.

Sie überbrücken die Kluft zwischen dem Bedingten und dem Unbedingten, dem Zeitlichen und dem Ewigen, der Notwendigkeit und der Freiheit. Sie haben die Einheit gefunden, die aller Vielheit zugrundeliegt. Um das zu erreichen, haben sie ihrem Körper oft das Letzte abverlangt und ihn durch Selbstzucht zum Diener des Geistes gebildet. Aus der Bewußtseinssphäre des Alltags stießen sie durch zum All-Tag höherdimensionaler Wirklichkeitsbereiche und bis ins Herz der Gottheit.

Von da an leben sie mehr oder minder beiderseits der Bewußtseinsschwelle: als Bürger der Sinnenwelt wie der Innenwelt, die letztlich eins sind. Ihr Bewußtsein ist ins Kosmische geweitet, ihr Blick auf den Himmel gerichtet, von dessen unendlichen Seinsbereichen Jesus Christus sprach als von den „vielen Wohnungen im Hause meines Vaters".

Paulus nennt die Mystiker ‚pneumatikoi', d. h. Geistmenschen, weil sie um die tausendstufige hierarchisch gegliederte Geistigkeit der Welt und um den Gottesfunken in der Menschenseele wissen. Als Künder unaufhörlichen Aufwärtsstrebens aller Wesen zum Göttlichen Über- und Ursein schreiten sie ihren jüngeren Geschwistern bewußt als Wegweiser und als Mitarbeiter bei der Durchlichtung und Durchgottung des Lebens und der Welt voran.

Vom Geiste aus gesehen, sind sie dynamische Tatmenschen, deren Streben auf das Ewigkeitsziel der Allvollendung, das jedes Wesen erreichen kann, gerichtet ist. Sie empfinden ihr Aktivsein als Ruhe, weil nicht ihr Ich, sondern Gott in ihnen durch ihr Selbst der Wirker ist. Weil sie sich allezeit mit dem göttlichen Lebensganzen verbunden wissen, geht, was sie denken und tun, immer die Menschheit als Ganzes an, da kein Wesen sich aus der universalen Einheit des gottdurchfluteten Universums herauslösen kann.

Erleben des Mystikers

Mystiker sind Menschen, die auf dem Wege nach innen Gott nahegekommen sind und um seine innere Gegenwart wissen. Sie sind Künder göttlicher Schau aus erster Hand, von der sie oft mit dichterischer Sprachschöpferkraft künden, um auch anderen die Seligkeit der Gottberührung und Gottunmittelbarkeit zu erschließen.

Sie wissen um das innere Verwurzelt- und Geborgensein der Menschenseele in höheren geistigen Sphären des Seins bis hinauf zum Reiche Gottes, aus denen sie sichere Botschaft bringen. Ihre inspirierten Kündungen sind Zwiesprache sowohl mit den Lichtsuchern als auch mit der Gottheit. Und mag auch manches, was sie begeistert künden, zunächst unfaßbar scheinen, es haftet doch in der Seele und wartet auf seine Enthüllung im Augenblick der *eigenen Erleuchtung,* um zum Spiegel der Wirklichkeit zu werden.

Jeder Mystiker ist ein religiöses Genie eigener Art, das deutlich macht, daß gleiches Allvermögen in jeder Seele auf Erwekkung wartet. Auch der Atheist ist davon nicht ausgenommen.

Die Mystiker sind die geistige Vorhut der Menschheit auf dem Wege zu sinnerfüllter Lebensgestaltung. Als positive Aktivisten und konstruktive Dynamiker waren sie zu allen Zeiten die großen *JA-Sager* – und als solche die geborenen Lebenslehrer und Vorkämpfer eines höheren Menschentums.

Darum kommen hier und im weiteren statt der nur im äußeren Leben Erfolgreichen, die in anderem Zusammenhang gewürdigt wurden, *Mystiker* aus Ost und West zu Wort, soweit ihre Kündungen nicht bereits ausführlich behandelt wurden.

Für die Ursprünglichkeit und Echtheit ihrer Kündungen spricht die Tatsache ihrer auffallenden Übereinstimmung hinsichtlich des Licht-Erlebens und der Stufen des Vollendungsweges.

Schon die Schöpfer der altindischen *Upanishaden* wußten um diesen Weg, auf dem der Mystiker sich allem Seienden verbunden und eins weiß, was sie durch die Gleichung ‚Atman = Brahman' (das innerste Selbst ist mit dem All-Selbst wesenseins), durch die Formel ‚Ahambrahmasmi' (ich bin das Brahman, bin meiner Gottunmittelbarkeit bewußt) oder durch ‚tat twam asi' (dies alles bist du selbst) ausdrückten. „Für den, der dessen bewußt ward, geht die Sonne nicht mehr auf und unter; für ihn ist ewig Tag. Er ist Bürger der göttlichen Welt und in Freiheit. Er hat schon hier und jetzt die ewige Seligkeit erlangt".

Von ebenso universaler Tiefe ist die chinesische Mystik des *Taoismus,* die im gleichen Sinne vom TAO spricht wie die indische Mystik vom Brahman (Gott) und Mahaparabrahman (der Gottheit) als dem überseienden Weltengrund.

Gleich lebensbejahend ist die Mystik des *Zarathustra,* und ebenso zielt die Botschaft des *Buddha* auf das JA zur Leidensenthaftung.

Die von indischen, persischen und ägyptischen Mystikern inspirierten altgriechischen Mysterienkulte nahmen vorweg, was in der Zeitenwende *Jesus Christus* kündete und demonstrierte: *das Große JA zum Ewigen Leben im Einssein mit Gott.*

Sein ‚Ich und der Vater sind eins' fand später im ‚ana lhaqq' (Ich bin meinem Wesen nach die göttliche Wirklichkeit selbst) der mohammedanischen Mystik, des *Sufismus,* ein Echo. Ihm verwandt ist die jüdische Mystik des *Chassidismus* als Ausdruck des Bestrebens, „die Schranken zu zerbrechen, in welche das Erdhafte den Menschen einschließt", und ihm zu kosmischer Freiheit durch Einswerdung zu verhelfen.

Wie die christlichen Mystiker sind auch die der *Ostkirche* diesem Leben der Einheit zugewandt: „Wir sehen, bezeugen und verkünden euch das ewige Leben, das bei Gott ist und uns bewußt geworden ist, von dem das zeitliche Dasein nur ein flüchtiger Schatten ist".

Viele der größten Geister des Abendlandes waren Mystiker wie Meister Eckehart und seine Schüler Tauler und Seuse, Thomas von Kempen, der Frankfurter Deutschherr, Jakob Boehme, Franck, Schwenkfeld, Weigel, Angelus Silesius und später Novalis, Fichte, Görres und unzählige andere.

Ihre Sprache ist stets ‚substantiell': sie kündet vom Wesentlichen. Sie ist Kündung des *inneren Worts,* das nach dem Johannes-Evangelium „im Anfang war, bei Gott und Gott selbst war, durch das alle Dinge geworden sind".

Wie es sich der Mystiker bedient, hat Hans *Denck* ausgesprochen: „Ich betone, daß ich meinen Mund wider meinen Willen auftun muß. Wenn ich auch ungern vor der Welt von Gott rede, so drängt es mich doch, daß ich nicht schweigen kann, weshalb ich in Gottes Namen fröhlich rede". Er empfindet das Wort, das durch ihn laut wurde, als Gottes Wort, und er weiß sich darin in Übereinstimmung mit unzähligen anderen Propheten und Gotteskündern.

Wie Meister *Eckehart* und andere gleich ihm war auch der mittelalterliche englische Mystiker Richard *Rolle* ein Sprachschöpfer, ebenso Walter *Hilton* und, in der Neuen Welt, Walt *Whitman* und *Emerson*. Sie sahen, nach einem Wort von William *Blake,* „eine Welt in einem Sandkorn, den Himmel in einer wilden Blume, sie ergriffen die Unendlichkeit mit ihrer Hand und fühlten Ewigkeit in einer Stunde".

Als urtümliche Strahlungsherde geistigen Lebens in der Menschheit sind die Mystiker Träger überquellender Lebenskraft und freudige Künder des *Großen JA* zum Menschen wie zum Leben, zur Selbstverwirklichung wie zum liebenden Einssein mit dem Ewigen.

Ihr Wirken zeigt, daß die Selbstoffenbarungen des Göttlichen nicht irgendwann in der Vergangenheit abgeschlossen wurde, sondern immerfort weiter geht und täglich neu in denen statthat, die ihr Herz ganz dem Göttlichen aufschließen, sich als Tempel des lebendigen Gottes erkennen und Gott durch sich sprechen und wirken lassen.

Die unsichtbare Gemeinschaft

Es ist beglückend, sich diesen Gottesfreunden verbunden zu wissen. Und wenn hier und weiterhin mit der diese kennzeichnenden Gewißheit gesprochen wird, so auf Grund eigener Berührung mit dem Ewigen hinter aller Zeitlichkeit.

Ebenso beglückend ist die Feststellung, daß die mystische Erfahrung in der heutigen stürmischen Übergangszeit zu einem lichteren Äon wieder weithin ernst genommen wird.

Am beglückendsten aber ist das Wissen um die endlose Reihe großer Vorgänger auf dem Wege zu jener Wirklichkeitserfahrung, die alle Mystiker in Ost und West, Nord und Süd, in einer unsichtbaren Gemeinschaft vereint, in der es keiner persönlichen Verbindung bedarf, weil alle, die gleichen Geistes sind, sich jederzeit eins wissen.

Dieses Einswissen als Erfüllung des Grundtriebs allen Menschentums geht über jede menschliche Gemeinschaft hinaus. Alles äußere Zusammenstreben in Liebe, Freundschaft oder Gesinnungsgemeinschaft ist nur ein schwacher Abglanz der *geistigen Einung*. Diese Einheit wird heute von zahlreichen geistig-religiösen Erneuerungsbewegungen angestrebt wie etwa von der *Unity* oder dem *New Thought* (Neugeist). Dort wird Gott als der Unendliche Geist des Guten bejaht, in dem es weder Sünde noch Verdammnis, sondern nur Liebe und Güte gibt, Frieden und Freiheit, Glückseligkeit und Vollkommenheit.

Die frohe Botschaft der Mystik

Diese neuen vitalen geistigen Strömungen gehen von der frohen Botschaft der Mystik aus, daß *alles innen ist.*

Innen ist der Quell der Kraft und des Lebens, des Friedens und der Freude, der Weisheit und der Fülle. Alles Gute und alle Erfüllung wartet *in uns* darauf, offenbart und entfaltet zu werden. Alles ist gut, weil alles Ausdruck und Werk der Gottheit ist. Darum sagen sie JA zum Leben, weil sie es als auf das Offenbar-werden des Guten angelegt erkennen.

Um dessen bewußt zu werden, darf man allerdings nicht an der Oberfläche des Daseins haften bleiben, sondern muß in die Tiefe steigen: ins eigene *Innere,* in dem das Höchste nicht mehr nur geahnt, sondern allbeglückend erfahren wird als das universale göttliche Leben, von dem jeder von uns ein Teil ist.

Das ist die frohe Botschaft der Mystik, daß alles, was die Mystiker an geistigen Wahrheiten und Freudequellen erschlossen haben, *jeden* zu bereichern vermag. Keiner ist hier auf Hörensagen oder Fremdhilfe angewiesen. Jeder kann das Ersehnte in seinem eigenen Innern erspüren, berühren, verwirklichen.

Zu dieser eigenen Erfahrung werden hier Wege gewiesen.

Alle Mystiker rufen uns das gleiche zu:

„Kommt und seht selbst! Folgt dem Pfad nach innen und erlebt euer Einssein mit dem Ewigen!

Erkennt euch, wo immer ihr seid, als vom Unendlichen Geist des Guten umsorgt und allgeborgen!

Erkennt, daß Gott in euch Mensch geworden ist, damit ihr werdet, was Er ist!

Erkennt, daß ihr göttlichen Geblüts, Gemüts und Wesens und darauf angelegt seid, vollkommen zu werden, wie Gott im Himmel vollkommen ist'!

Ergreift den Schlüssel zum verlorenen Paradies glückseligen Lebens und wirkt mit der eigenen Erneuerung die Veredelung, Durchgeistigung und Durchgottung des Lebens und der Welt!

Übt euch darin, das Große JA zu sprechen zu euch selbst und zum Dasein, zur Kraft in euch und zur inneren Führung, zu allem Guten und Schönen, zur Selbstwerdung und zur Harmonie mit dem Unendlichen!

Bejaht und erlebt, daß der Unendliche Geist des Guten euch immer neue Möglichkeiten höheren Lebens erschließt im Sinne seiner Verheißung: „Siehe, ich habe vor euch aufgetan ein offenes Tor, und niemand kann es schließen". (Off. 13,8).

Und heißt jede Gelegenheit zu neuem Werden willkommen! Seid gewiß, daß mit jedem neuen JA ein Prozeß geistigen Höherwachstums anhebt, der euch zu immer lichteren Stufen innerer Wachheit, Bewußtheit und Gotterfülltheit aufwärtsleitet!

JA zu uns selbst

„Wisset ihr nicht, daß ihr Gottes Tempel seid und daß der Geist Gottes in euch wohnt?"   1. Kor. 3, 16

Der Weg zur Erleuchtung, Vollendung und Einswerdung beginnt mit dem *Großen JA zu uns selbst,* zu der tiefinneren Wirklichkeit der Gott-Einheit des inneren Menschen, auch wenn der äußere Mensch dem entgegensteht und erst gemeistert und überwunden werden muß.

Auf dem Wege dorthin bilden die Mystiker den geistigen Vortrupp, weshalb hier und weiterhin ihren Weisungen Raum gegeben wird. Was sie auf ihre scheinbar paradoxe, aber optimal zielgerichtete Weise uns bewußt machen, ist dies:

Alle Suche nach dem Glück ist im Grunde Suche des Ich nach dem Selbst. Nur weil das so selten erkannt wird, gibt es so wenig Glückfinder. Folglich ist das erste, das zu lernen ist, uns selbst zu bejahen und zu finden.

Die meisten Menschen sind nicht sie selbst, sie sind meist andere, nur ein Schatten oder Zerrbild ihres Selbst. Sie sind zwar zur Welt, aber noch nicht zu sich selbst gekommen, zu ihrem wirklichen Ich-Bin.

Zum Selbstsein gelangt man nicht durch Lektüre oder Nachfolge fremder Lehrer und Führer. Die Freiheit gewinnt nur, wer den ihm allein wesensgemäßen *eigenen Weg* geht, den *Weg nach innen,* und zwar unbeirrbar und unermüdlich, vielleicht Jahre, vielleicht ein Leben lang, bis er zur Wirklichkeit erwacht.

Auf diesem Wege wird er sich früher oder später vom inneren Wort geleitet sehen, vom Meister in ihm, seinem innersten *Selbst.*

Wenn wir *JA zu uns selbst* sagen, ist nicht der vergängliche ich- und leibbedingte *äußere Mensch* gemeint, sondern der *innere Mensch,* die Seele, deren Hülle und Verhüllung, Träger und Werkzeug der äußere ist. Und letztlich ist der *allerinnerste Mensch* gemeint, der Geist, das göttliche Selbst, den der abendländische Mystiker den Christus in uns nennt. *Er soll in uns lebendig werden und die Führung übernehmen.*

Philosophen und Psychologen irren, wenn sie Selbst-Erkenntnis als „Erfassung der persönlichen Eigenart, der Triebkräfte und Neigungen" verstehen oder als „Erkenntnis des Ich in seinen Reaktionsweisen, Anlagen und Fähigkeiten, Stärken und Schwächen", da all dies nur den äußeren Menschen und einen Teil des inneren, der Seele, berührt.

Wahre Selbst-Erkenntnis reicht tiefer und ist jedem möglich, weil dem erkennenwollenden Ich das Selbst gegenübersteht und weil Selbst-Erkenntnis, ans Ziel gelangt, Selbstbesinnung, Selbstinnewerdung, Selbstverwirklichung ist.

C. G. Jung kommt dem Wesen der dynamischen Psychologie der Mystiker nahe, wenn er im Selbst das Urbild des Menschseins sieht, nach welchem der Mensch sich bilden, wachsen und vervollkommnen soll. Dieses Selbst ist die Quelle aller Kraft und aller schöpferischen Potenzen.

Statt zwischen Ich und Selbst können wir auch zwischen Persönlichkeit und Individualität unterscheiden, wie dies die Unity-Lehrerin Emilie *Cady* tut: „Das Wort ‚*Persönlichkeit*' bezieht sich auf den sterblichen Teil unseres Wesens: auf die Person (wörtl. Maske), die veränderliche, zusammengesetzte äußere Gestalt im Gegensatz zum unteilbaren inneren oder wirklichen Menschen, der ‚*Individualität*' (wörtlich: das Unteilbare, die letzte Einheit). Je mehr Gott sich durch einen Menschen offenbart, desto mehr wird er individualisiert".

Sie nennt als Beispiel *Emerson* als einen „Mann von großer Individualität und zurückhaltender Persönlichkeit. Gerade in dem Maße, wie die menschliche Seite in ihm willig war, sich zurückzuziehen und wenig beachtet zu werden, strahlte das Unsterbliche, das Göttliche in ihm, in desto stärkerem Maße auf".

Emerson selbst hat in seinen Werken im gleichen Sinne dargelegt, daß das einzig Beständige und Wirkliche der Geist in uns als Träger des Göttlichen ist. Er nannte das göttliche Selbst auch die ‚Überseele' als das Unteilbare, Unverwesliche, Ewige im Menschen.

Seit Krishna und Lao Tse, Buddha und Jain Mahavira, Pythagoras und Zarathustra ist es Kennzeichen aller Weisen und Erleuchteten, daß sie ihr Selbst nicht dem gleichsetzten, was an ihnen ich-, leibgebunden und vergänglich war.

Der Weg nach innen

Wie das Auge nicht sich selbst sehen kann, so kann der Erkenntnisapparat des Ich das *Selbst* weder wahrnehmen noch erkennen. Am deutlichsten hat Buddha diese Unerkennbarkeit des Selbst gelehrt – mit Worten, die manche als Verneinung eines allem Vergehen überlegenen Selbst mißverstanden.

Tatsächlich hat er unwiderlegbar deutlich gemacht, daß alles, was ich an mir als vergänglich erkenne, nicht ich selbst bin. Eben darum bin ich mir ja der Vergänglichkeit meines Körpers, meiner Gedanken und Gefühle, meines Bewußtseins, meines Ich bewußt als etwas, an dessen Veränderungen ich selbst nicht teilhabe, weil es nicht mit mir wesenseins ist.

Mein Selbst ist nichts von alledem, was es an mir als wandelbar und vergänglich erkennt. Es selbst ist ebenso unerkennbar wie unvergänglich und ewig.

Wir sprechen in diesem Sinne heute vom Lebenskraftfeld des Selbst, das, wie jedes Kraftfeld, nur an seinen Wirkungen auf die Dinge, auf die Materie erkennbar, an sich aber unabhängig von den Dingen und unzerstörbar ist.

Das Selbst ist ‚transzendent', d. h., es ist jenseits des sinnenhaft Faß- und Erfahrbaren. Wir können nur sagen, daß es *ist*.

Ziel des Mystikers und Aufgabe jedes Wesens ist es, sein Ich, den äußeren Menschen, zum Selbst als dem innersten Menschen zu führen. Das meint das Wort des Johannes: „Er – das Selbst, Christus in uns – muß wachsen, ich aber muß abnehmen".

Und wie erreichen wir das? Wie gelangen wir zur Klarheit über uns selbst, unser göttliches Selbst?

Wir erreichen es auf dem Wege meditativer Selbst-Besinnung, der Einkehr in uns selbst, auf dem Wege des Hinausschreitens aus der Zweiheit des Erkennens in die Einheit des Seins: des Selbstseins.

Es ist der Weg nach innen, auf den die Weisheit der Mystik uns verweist. Auf diesem Wege wird uns beglückend bewußt, daß der Unendliche in uns sich nach dem Unendlichen über uns sehnt und daß dieses Verlangen vom All-Unendlichen erwidert wird.

Wenn wir nur endliche Wesen wären, würde uns das Endlich-Vergängliche genügen und die Idee der Unvergänglichkeit wäre uns unbekannt und unbegreiflich. Ein endliches Wesen hat kein Verlangen, von der Endlichkeit erlöst zu werden; nur der *Unendliche in uns* sehnt sich nach der Heimkehr zum Ewigen.

Er weiß, daß der Weg nach innen ein Höhenpfad zu einer reineren Atmosphäre und Seinsebene ist als die des bloßen Daseins.

Dieser Weg nach innen wird beschritten, seitdem es auf diesem Planeten Menschen gibt. Es ist der Weg ins Überbewußte - und darüber hinaus in die All- und Gottbewußtheit. Dieser Weg ist für alle derselbe und doch für jeden ein anderer, weil jeder ihn auf seine Weise geht und in seinen einzelnen Etappen erlebt.

*

Mitten im Alltag beginnt dieser Weg, und zwar damit, daß man bei der Einwärtswendung *Seuses* Rat befolgt:

„Wenn du ins Innerste gelangen willst, mußt du alle Zerstreuung meiden, dich aller Mannigfaltigkeit entleeren. Führe einen nach innen gerichteten Wandel und wirke nicht gewaltsam nach außen, weder in Worten noch im Wandel. jedes Ausschweifen der Sinne verhindert die Innerlichkeit. Und wenn die Dinge dich suchen, laß dich nicht finden. Habe eine rasche Einkehr in dich selbst".

Die Mystiker sind uns auf diesem Wege vorangegangen. Wir wollen uns ihrer als Vorbilder und Vorwärtsweiser bedienen. Auf jeder Etappe des Weges nach innen stehen sie als lebendige Meilensteine vor uns, die unseren Fortschritt sichtbar machen und uns ermutigen, mit freudigem JA zum Selbst weiterzuschreiten:

„Wenn du dich einen Augenblick in das schwingen würdest, wo keine Kreatur wohnt, so hörst du, was Gott redet", sagt Jakob *Boehme*. „Und wo ist das? Es ist in dir, und so du würdest eine Stunde mit allen deinen Sinnen und allem Wollen schweigen, würdest du die Stimme der Stille vernehmen".

In der inneren Stillheit wird uns bewußt: Das göttliche Selbst – das bin ich selbst! Mein Ich ist nur Abglanz des Selbst und seine *Verhüllung,* solange ich dem Ichwahn verhaftet bin. Im Grunde ist Selbstsein nichts, was erst erkämpft werden muß; es ist jetzt und immer innere Wirklichkeit. Wir müssen dessen nur inne werden, wie der Mystiker – Valentin *Weigel* – uns bedeutet: „Je näher einer sich selber ist, desto vollkommener und seliger ist er. Kannst du gänzlich in dich einkehren, kommst du zu Gott in dein Heimatland". Weigel fährt fort:

„*Gnothi seauton! Nosce te ipsum!* Erkenne dich selbst! heißt es mit Recht in allen Weisheitslehren. Erkenne dich als Mikrokosmos, der nach dem Bilde des Makrokosmos geschaffen ist. Wahre Selbst-Erkenntnis ist die höchste Weisheit. Bemühe dich darum, über Natur- und Sinnengebundenheit hinaus zum Übersinnlichen zu gelangen. Erkenne, daß *Adam* und *Christus* beide in dir sind: Adam als dein äußerer, Christus als dein innerer Mensch, durch den du, mit ihm eins geworden, ins Reich Gottes gelangst, das inwendig in dir ist. Diese Christwerdung ist deine Neugeburt, deine Wiedergeburt aus dem Geiste". Ihm sekundiert der große Vedantist *Vivekananda*:

„*Der* Mensch steht auf der höchsten Stufe, der von sich sagen kann: Ich kenne mich selbst, mein göttliches Selbst! Kein äußerlich Gelehrter hat je erkannt, was im Menschen verborgen ist. Millionen von Jahren sind vergangen, seitdem der Mensch auf diesem Planeten erschienen ist, und doch hat sich erst ein unendlich kleiner Teil seiner wirklichen Größe und Macht offenbart. Wer kann sagen, daß der Mensch schwach sei? Wer kann behaupten, daß unter seiner äußeren Erscheinung nichts Großes und Göttliches lebt? ...

... Wahrlich: In dir ist der Ozean unbegrenzter Machtfülle und Glückseligkeit! Erkenne, daß du ein Teil der Weltenseele bist! Wiederhole es dir Tag und Nacht, bis dein ganzes Wesen von dieser Gewißheit erfüllt ist:

Ich bin das geburtslose, das keinem Tode unterworfene, glückselige, allwissende, allvermögende ewig herrliche göttliche Selbst!

... Denke unaufhörlich daran, bis diese Gewißheit dein Bewußtsein und dein Leben beherrscht. Meditiere darüber, und dein Handeln wird sich wandeln. Aus der Fülle dieser Gewißheit wird der Mund sprechen und die Hand arbeiten, und alle deine Handlungen werden erhöht, durchlichtet, durchgottet! ...

... Laß die Welt widerhallen von der Verkündung dieser Wahrheit. Sage es denen, die sich noch schwach wähnen, wieder und wieder: Erwachet, steht auf und offenbart euer wirkliches Wesen, euer göttliches Selbst!"

Denke keiner: Das werde ich nie erreichen, davon bin ich weit entfernt. Denn eben durch solch kleinmütiges Denken werden unnötige Schranken errichtet. Sondern man bejahe: „Ich bin es! Ich bin das Selbst! – bis es der Bejahung nicht mehr bedarf.

Nochmals:

Das Selbst ist nichts, das ich erst erreichen muß. *Ich bin es –* jetzt und immer. Ich muß mir dessen nur bewußt werden. Und dazu muß ich mir meines Ich als der Quelle der Nichterkenntnis unbewußt werden.

Der große Fortschritt, der dem Leben Sinn gibt, ist der

Schritt vom Ich zum Selbst. Es ist der Schritt vom Traum zum Wachwerden, aus aller Ungewißheit zur Gewißheit, aus der Fesselung zur Freiheit, vom Trug zur Wirklichkeit. *Denn Selbst-Erkenntnis ist der Beginn der Wirklichkeits-Erkenntnis.*

*

Das Große JA zu uns selbst ist immer auch ein *JA zum Adel der Seele,* zum Königtum des Menschen als dem Kinde und Erben der Gottheit. Zugleich ist es ein *JA zu Gott,* der uns schuf und uns braucht, und zu unserem Menschsein und Dasein, das von Gott gewollt und für die Welt notwendig und unentbehrlich ist. Wir haben allen Grund, uns des Lebens als Gelegenheit zur Selbstentfaltung und Selbstbewährung zu erfreuen.

In der Tat wird jeder von uns gebraucht. Jeder hat seine besonderen einmaligen Gaben und Aufgaben im Lebensganzen. Jeder ist Träger göttlichen Lichts, göttlicher Liebe und Weisheit. Jeder soll ‚sein Licht leuchten lassen', damit die Welt heller werde.

Wenn uns unser derzeitiger Stand und Platz im Leben nicht gefällt, sollten wir bejahen, daß der rechte Platz, die rechte Berufung auf uns wartet und sich uns erschließt, wenn wir die Aufgaben des Jetzt gemeistert haben. Das Leben bietet uns ständig neue Chancen, die es mutig zu erkennen, zu ergreifen und auszuschöpfen gilt.

Das Bewußtsein, daß Gott uns ins Dasein rief, weil er uns braucht, sollte uns täglich mit neuer Freude, frohem Lebensmut und mit dem Willen erfüllen, unsere Kräfte und Fähigkeiten immer vollkommener zu entfalten und im Dienste des Ganzen unser Bestes zu geben.

Denn auf dem Wege nach innen sollen wir uns zugleich als bewußte Mitarbeiter Gottes erweisen, die sich mit allem ausgerüstet sehen, das uns zur erfolgreichen Mitarbeit an der Vollendung des göttlichen Weltenplans befähigt. Der Weg nach innen schließt die Meisterung des äußeren Lebens nicht aus, sondern ein, wie Meister *Eckehart* immer wieder betonte:

„Wenn einer verzückt ist wie Paulus, und es wäre da ein kranker Mensch, der Hilfe braucht, so wäre es besser, aus der Verzückung zurückzukehren und tätige Liebe zu üben an dem, der ihrer bedarf. In diesem Leben kommt selten einer so weit, daß er vom tätigen Dienst an seinen Mitmenschen befreit werden könnte."

Darum möge dies unser JA zu uns selbst sein:

„Mein Herz freut sich und singt das Lied der Bejahung! Ich bin dankbar, daß ich ein geistiges Wesen mit einem unbegrenzten Potential bin, weil ich nach dem Bilde Gottes geschaffen und Träger seiner Kraft und Fülle bin!

Ich bin eine lebendige Verkörperung Gottes. Ich bejahe mein göttliches Selbst! Ich sehe mich so, wie Gott mich sieht: als einmalig in meinem Wesen und meinen Aufgaben, gleich wichtig für Gott wie für die Welt, in der ich lebe!

Ich bin bereit, meinen Beitrag zum Wohl des Ganzen zu leisten und das zu tun, was kein anderer an meiner Statt vollenden kann!

Ich bin frei und schöpferisch, froh und glücklich, sieghaft und erfolgreich und strahle Liebe, Frieden und Freude aus – durch die Kraft meines göttlichen Selbst!"

Sammlung

Der Weg nach innen – zum Selbst – führt über die Stufen der Sammlung oder Konzentration, der Betrachtung oder Meditation und der Versenkung oder Kontemplation.

Am Anfang steht die *Sammlung*: die Zusammenfassung der geistigen Kräfte, der Aufmerksamkeit, des Willens auf einen einzigen Punkt, der von der Liebe bestimmt wird. Die Sammlung wiederum beginnt mit der Entspannung des Körpers, der Gedanken und des Willens.

Auch hier haben die Mystiker die entscheidende Vorarbeit geleistet, deren Früchte wir uns dienen lassen. „Nach der Entspannung" – sagt *Seuse* – „versetzen wir uns in Gelassenheit in die Stille des Gemüts, als ob wir uns selber erstorben seien, uns selbst nicht mehr im Auge haben, sondern allein Gott zum Ziele haben. Wo die Sinne sich noch in die Mannigfaltigkeit der äußeren Dinge zerstreut haben, ziehen wir uns aus den äußeren Sinnen zurück und sammeln uns im Mittelpunkt unseres Wesens".

Das Geheimnis der Sammlung heißt: *Loslassen, sich der friedevollen Stille des Innern überlassen und Gott machen lassen.* „Des gelassenen Menschen Ziel ist das Entrücktsein seiner selbst und aller Dinge."

Bejahen wir darum immer wieder das Vermögen inneren Gesammeltseins:

„Ich ruhe in der Stille des Innern und bleibe in Leib und Seele entspannt. Hände und Arme, Füße und Beine und der ganze Körper mit allen Sinnen und Organen ist gelockert, entkrampft, gelöst und in Ruhe.

Auch meine Gedanken, mein Wünschen und Wollen sind still geworden und zur Ruhe gegangen.

Durch die Kraft in mir bin ich innerlich gesammelt, zur Stille selbst geworden und ganz bei mir selbst. Ich bin!"

Betrachtung

Der Sammlung und gelassenen Einkehr in die Innenwelt des Schweigens folgt die Betrachtung oder Meditation als erste Berührung mit dem Innergöttlichen. Hier gilt *Seuse's* Rat: „Wer gänzlich bei sich selber wohnt, der gewinnt ein gar reiches Vermögen", und das des *Angelus Silesius*:

„Gott fordert nichts von dir, als daß du in ihm sollst ruhn. Tust du dies, so wird er das andre selber tun" .

Von dieser inneren Ruhe sagt Meister *Eckehart*: „Du kannst Gott nichts Lieberes bieten als Ruhe. All dein Wachen, Fasten und Gebet ist vor Gott geringer als diese gelassene Ruhe. Daß du schweigst und dich lässest, ist das Beste und Edelste, wozu du gelangen kannst, weil dann Gott in dir und durch dich wirken kann".

Diese Ruhe ist kein müßiges oder träumerisches Insichversunkensein, sondern bewußtes Hingegebensein an das, was in der Stille wach wird. In der Ruhe wird die Liebe lebendig als die Kraft der Wandlung und des Offenwerdens für das Wirken Gottes. Es ist das ‚Schweigen der Wüste', in der Jesus sich für sein Werk sammelte und vorbereitete.

Die innere Sammlung wird hier zum Aufflug in die geistige Wirklichkeit und zur liebenden Hingabe an das höchste Gut. Der tiefe Herzensfriede wird zum Ruhen in Gott, wie schon das ‚Mahabharatam kündete: „Höher als jede Übung steht das Erkennen, höher als das Erkennen steht die Meditation, die schweigende Besinnung auf das innerste Selbst". Und weiter heißt es:

„Wenn du den Leib beiseite lässest und findest ruhevoll im Geiste deinen Stand, wirst du beseligt sein und friedevoll, von den Fesseln der Ichheit befreit".

In der Meditation vermögen wir uns von allem, was als zeit-, leib- und leidgebunden nicht uns selbst angehört, wie von etwas Wesensfremdem zu lösen und uns gänzlich – wenn auch nur für Augenblicke – in unser innerweltliches zeitloses Selbst einzusenken.

Natürlich ist das nicht in einigen wenigen Meditationen erreichbar, sondern nur durch immer erneute Einkehr und Hinwendungen zu meditativer Selbst-Besinnung, bis das innere Ohr für das Klingen der Seele und für die Stimme der Stille wach und hörfähig wird. Wenn wir etwas nicht verstehen oder eine Frage haben, die uns bewegt, wird uns in der schweigenden Betrachtung die Antwort bewußt.

Wer allerdings meditiert, um zu Wonneschauern und Visionen zu gelangen, verfälscht das Wesen der Meditation, gerät auf Irrwege und entfernt sich von sich selbst. Davor warnte schon Meister *Eckehart*: „Ob wir dessen bewußt sind oder nicht: die immer nur auf schöne Gefühle und Stimmungen, Visionen und große Erlebnisse aus sind – Eigenwille und Ichsucht ist es, weiter nichts".

Bejahen wir:

„Ich bin zu mir selber heimgekehrt! Mein Herz ist offen für dich, Gott, für deine Weisungen und Inspirationen, deine Intuitionen und Erleuchtungen!

Mein Herz sagt JA zum Licht in mir. Die göttliche Kraft erfließt aus der Stille des Innern. Alles Große vollzieht sich im Schweigen.

Ich lebe in dir, Gott, der mich liebt und leitet! Ich lebe im Strom deiner Kraft und deiner Weisheit!"

Wandlungskraft des Gebets

Wenn manche in der Meditation nichts von der helfenden und befreienden Nähe Gottes spüren, rührt dies, wie Hans *Denck* sagt, daher, „daß sie in Wirklichkeit nur ihr eigenes Heil suchen, also aus eigensüchtigen Gründen meditierten, beteten und handelten. Gott findet man nur, wenn man bereit ist, sein Ich an ihn zu verlieren".

Die Meditation oder das *innere Gebet* hat nichts mit dem Bittgebet gemein, das der Mystiker nicht kennt. Sein Gebet ist immer Dank und gläubig-vertrauende Vorausbejahung dessen, was zu erfahren er sich sehnt. Bittgebete verwirft er mit Meister *Eckehart* als wirkungslos, weil ichhaft:

„Wer auf die übliche Weise betet und bittet, begehrt etwas von Gott, daß es ihm zuteil werde, oder verlangt er, daß Gott ihm eine Last abnehme. Das abgeschiedene in Gott gestillte Herz begehrt und erbittet nichts. Es ist allen Bittens ledig, es begehrt und bejaht nur sein Einförmigsein mit Gott und seine Gottunmittelbarkeit".

Im Wort „*Gebet*" liegt der Schlüssel: die Vorsilbe ‚ge-' bezeichnet die Zusammenfassung und Vereinigung zweier oder mehrerer Dinge zu einem. Der im Gebet Gott Zugewandte weiß sich mit ihm eins. Und da Gott der Unendliche Geist des Guten ist, bedeutet das zugleich dankbare Bejahung, daß alles Gute da ist, so daß es keiner Bitte bedarf.

Das vollkommenste Gebet ist dankbares Innewerden der Gegenwart des Absoluten. Alsdann wird, wie *Seuse* sagt, „das Licht im Innern entzündet, das uns bewußt macht, daß Gott das Sein, das Leben und der Wirker in uns ist und daß wir sein Werkzeug sind".

Das Gebet des Mystikers ist freudig-dankbares Bejahen, Loben und Sich-Geloben dem Göttlich-Guten gegenüber. Dieses Geloben ist Lob und Liebe zugleich. Es ist mehr als nur ein Gutheißen, es ist Gelöbnis der Selbstweihe zum Guten als dem Göttlichen.

In solchem Gelöbnis wird das Gebet dynamisch und schöpferisch. Es führt zu positiven Wertungen und Werten, überbrückt Abgründe der Angst und Not und bringt die Heilkraft des Glaubens zum Fließen und Wirken. Hier gilt das Mystiker-Wort:

„Das edelste Gebet ist, wenn der Beter sich in das, was er bejaht, verwandelt inniglich".

Das gilt auch für das Gebet, das dem Wohl unserer Nächsten geweiht ist: wir segnen sie im Gebet – im Blick auf unser inneres Verbundensein durch Gott in uns. Wir sehen sie gesegnet mit mehr Licht, mehr Kraft und mit wachsender Teilhabe an der göttlichen Fülle alles Guten. Wir bejahen ihr wie unser Geborgensein in Gott. Und wir wissen, daß dieses Gebet bereits die Antwort Gottes enthält.

Wir übersehen hierbei keinen Augenblick: das Gebet ändert nicht Gott, sondern unsere Einstellung zu Gott.

Es bringt uns in Einklang mit dem Geist und, der Kraft, der Liebe und der Fülle Gottes.

Damit wandelt und erhöht sich das Gebet oder die Meditation zur Kontemplation.

Versenkung

Die Versenkung oder Kontemplation ist die Hochform der Gott-Selbst-Besinnung. Ihre Frucht ist die Intuition: die geistige Zusammenschau des äußerlich getrennt Erscheinenden.

Die Kontemplation ist der Meisterschlüssel zu schöpferischer Selbst- und Wirklichkeits-Erkenntnis und zur Gottschau. Sie leitet eine allmählich fortschreitende Bewußtseinserweiterung ein, die bis zum Gipfelerlebnis kosmischer Bewußtheit führen kann.

In der Kontemplation sind alle Kräfte der Seele und des Geistes von der Sinnenwelt abgezogen und gänzlich nach innen gesammelt und geeint. „Der Sinne Untergang ist der Wahrheit Aufgang", umschreibt *Seuse* dieses Wachwerden für die transzendente Wirklichkeit, diese erste Berührung mit dem Absoluten.

Auch wenn es dabei noch nicht zum Einssein kommt, ist es doch eine allbeseligende Teilhabe des völlig nach innen Gekehrten an der Einheit des Seelengrundes mit dem Weltengrund.

Da ist es, wie *Tauler* kündet, „unendlich still, heimlich und einsam, weil da nichts ist als Gott. Dorthin vermag nichts Fremdes, weder Kreatur noch irgendeine Weise, zu gelangen. Denn dorthin führt Gott selbst die Seele, die für sein Wort empfänglich ward".

Dabei wird, wie der englische Mystiker Richard *Rolle* hinzufügt, „die Wonne der göttlichen Liebe erfahren. Doch steht es nicht in der Macht des *Menschen,* ihrer teilhaftig zu werden; sie ist durch keine Bemühung erdienbar, sondern Geschenk Gottes an jene, die ihn brennend und ausschließlich lieben. Es gibt nichts Heilbringenderes und nichts Froherstimmendes als das Geschenk der Kontemplation, die uns aus der Tiefe der Ichheit zu Gott emporhebt. Sie ist der Anfang himmlischer Freudigkeit, Fröhlichkeit und Seligkeit".

Rolle erlebte in der Kontemplation, wie sich „die Pforte des

Himmels auftat und das Auge des Herzens über irdische Dinge schaute. Ein Herz, das in das göttliche Feuer verwandelt wird, fühlt die Feuerflammen der ewigen Liebe als eine wohltuende Glut, die begleitet ist von himmlischen Harmonien wie von unsichtbaren Chören, deren Melodien von da im Geiste weiterschwingen".

Doch ist es uns, solange wir verkörpert sind, nicht gegeben, in dieser Seligkeit zu verbleiben. Wir leben ja nicht für uns allein, sondern haben als Teil der Gemeinschaft unsere Aufgaben und Pflichten in ihr zu erfüllen.

Auch das ist Kontemplation und praktische Religion, wenn es mit freudiger Bejahung geschieht. Das meint *Seuse's* Rat: „Gehe wieder nach außen, aber kehre wieder und wieder in deine innere Einmütigkeit mit Gott zurück und genieße das Bewußtsein der Gegenwart Gottes in dir".

Alsdann sammelt der Mensch während der Arbeit das an Segnungen ein, was er in der Kontemplation gesät hat. Auch das äußere Tätigsein ist ein Teil jener Einheit, die in der Kontemplation berührt wird. Darum empfiehlt *Angelus Silesius* mit Recht:

„Fragst du, was Gott mehr liebt: das Wirken oder Ruhn? So sag' ich, daß der Mensch, wie Gott, soll *beides* tun ... Der Weise, welcher sich hat *über* sich gebracht, Der ruhet, wenn er schafft, und wirkt, wenn er betracht'."

Für den, der sich seiner Gott-Einheit bewußt ward, gibt es keinen Unterschied zwischen Kontemplation und Arbeit. Für ihn ist Kontemplation dynamisches Wirken vom Geiste aus – Wirkenlassen Gottes – und die tägliche Arbeit beständige kontemplative Hingabe.

Alles Wirken ist Gebet, wenn die Gedanken dabei auf das Gute, auf Gott gerichtet sind. Mitten im Werk und Lärm des Alltags weiß der an Bejahung Gewöhnte sich von der friedevollen Stille des Innern umhüllt.

Jedesmal, wenn wir aus dem kontemplativen Einssein mit der Heimat des Selbst in den Alltag des physischen Daseins zurückkehren, haben wir etwas gewonnen, das uns die Welt weder geben noch nehmen kann: die Gewißheit des allem Relativen, Bedingten, Vergänglichen überlegenen *Selbst:* die Kraft und Gelassenheit gebende Berührung mit der göttlichen Freiheit des Selbst, die uns, nun wir das Große JA zum Selbst gesprochen haben und auf dem Wege nach innen sind, immer vollkommener bewußt wird als unser unverlierbares ewiges Erbe.

JA zum Menschsein

„Der Mensch, der seinen Geist nicht über sich erhebt, Der ist nicht wert, daß er im Menschenstande lebt". Angelus Silesius

Jedes JA zu uns selbst ist zugleich ein *JA zum Menschsein* – im Sinne Schillers: „Was kann der Mensch auf Erden Besseres tun als lernen, Mensch zu sein".

JA zum Menschsein meint, daß wir – mit Novalis erkennen, daß „Mensch werden eine Kunst ist" und daß wir uns darum bewußt als Kinder des Geistes des Lebens bejahen und als Träger göttlicher Kräfte und schöpferischer Vermögen betätigen und bewähren.

Es ist ein dankbar-frohes JA zu der Wahrheit, daß der Geist des Lebens, des Lichts und der Liebe *in uns* ist, daß sein Leben unser Leben, seine Weisheit, Kraft und Fülle die unsere ist.

Der Mensch ist nichts Fertiges. Das Menschsein ist ein dynamischer Prozeß ständiger Neuwerdung und Höherentfaltung. Um diesen Prozeß zu fördern, gilt es vor allem, der Vermassung entgegenzuwirken, die Freiheit des Selbstseins zu sichern und zugleich, in ständiger Wechselwirkung mit der Umwelt, *Menschlichkeit und Güte* zu offenbaren.

Gute Wegweiser sind hier wie überall die Mystiker, die uns – mit Schleiermacher – mahnen: „Sorge dich nicht um das, was kommen wird, weine nicht über das, was vergeht; aber sorge, dich selbst nicht zu verlieren, und weine, wenn du dahintreibst im Strome der Zeit, ohne den Himmel in dir zu tragen!"

Die Mystiker, die Lebensweisen, führen uns über uns selbst hinaus und lassen uns den Größeren in uns erleben: den Geist, der wir unserem Wesen nach sind und durch den wir allen materiellen Verhältnissen überlegen sind, soweit wir mit uns selber eins sind.

In dem Maße, in welchem wir unser Menschsein und Geistsein *bewußt* bejahen, wird diese unsere Überlegenheit über die äußeren Dinge und Bedingungen und unser Angelegtsein auf ständiger Größer-, Reicher- und Vollkommenerwerden sichtbar.

Zugleich erkennen wir zunehmend deutlicher, daß alle Übel und Mißhelligkeiten Folgen unzureichender Selbsterkenntnis und negativen Denkens sind, die mit der geistigen Umschaltung auf rechtes Denken und bewußtes Leben aus der Kraft des Geistes weichen und verschwinden.

Und schließlich wird uns unsere Aufgabe bewußt, uns aus einem *Kinde Gottes* zu einem geistig *erwachsenen* aktiven und schöpferischen *Mitarbeiter Gottes* bei der Durchgeistung des Lebens und der Welt zu entwickeln. Damit erst erfüllt sich der Sinn unseres Menschseins. Es ist der Beginn eines neuen Menschentums.

Immer ist unser JA zum Menschsein eine Bejahung der Tatsache, daß wir – jeder von uns – dort, wo wir stehen und wirken, gebraucht werden, daß wir im Weltenplan *Aufgaben* haben, die nur wir mit unseren besonderen *Gaben* erfüllen können.

Nach der lebenspraktischen Seite hin bedeutet das JA zum Menschsein, daß wir daheim und bei der Arbeit, allein und beim Zusammensein mit anderen lernen, in Gedanken und Gefühlen, Worten und Taten immer mehr JA-Sagende zu sein.

Bewußtes JA zu uns selbst und zum Menschsein ist ein JA zu allem Positiven im Dasein und zum Dasein selbst, zu unserem Können wie zum Geführtsein von innen her, zum Schaffen wie zur Freude, zum Optimismus, zu Gesundheit und Fortschritt, Glück und Erfolg, zu allem Guten und Schönen, zum ständigen Reicher- und Vollkommenerwerden – und ebenso, nach außen hin, zum Nächsten, zu gegenseitiger Hilfe und Förderung, zur Liebe zu Mensch und Tier, zum Frieden und zur Einheit der Menschheit und im letzten zum Einssein mit dem Ewigen.

Bei alledem gilt es, uns bewußt zu werden und zu bleiben, daß es immer zugleich *Gott* ist, der JA zu unserem Menschsein spricht und unser Vollkommenerwerden will. Wenn Er uns, die wir noch ‚auf dem Wege' sind, und unsere Vollendung bejaht, dürfen und sollen wir es auch tun.

Selbst-Besinnung

Ausgangspunkt des JA zum Menschsein ist die immer erneute Selbst-Besinnung. Sie zielt auf die Wahrheit, daß wir Geist vom Geiste Gottes sind. „Die höchste und beste Erkenntnis und die nächste bei Gott ist" – wie St. *Bernhard* sagt, – „daß wir uns selbst erkennen. Denn soweit der Mensch sich auf sich selbst besinnt und seiner selbst bewußt wird, so weit gelangt er zur Gott-Erkenntnis".

Rechte Selbst-Besinnung zeigt uns nicht nur, wo wir stehen, sondern auch, was wir dank der in uns schlummernden Möglichkeiten noch werden können. Sie erfüllt uns mit der Freude ob unseres ständigen inneren Wachstums. Sie erweitert die Selbstbesinnung zur Kraftgewinnung und zum immer lebendigeren Innewerden unserer Freiheit als unzerstörbares Kraftfeld schöpferischer Lebensfülle. So empfand es der Apostel (2. Tim. 1, 7): „Gott hat mir den Geist der Kraft, der Liebe und der Selbstzucht gegeben".

Von dieser Selbst-Besinnung kündeten schon die *Upanishaden:* „Fürwahr, wie wenn es plötzlich blitzt, so wird dem Glückseligkeit zuteil, der in der Selbstbesinnung dafür aufgeschlossen ist". Wir werden damit, wie Jakob *Boehme* anfügt, uns unserer *Freiheit* bewußt: „Wir haben das Zentrum der Natur in uns. Machen wir einen Engel aus uns, so sind wir es. Machen wir aber einen Teufel aus uns, so sind wir auch das. Es liegt *bei uns,* was wir wirken und wozu wir uns entfalten".

Diese Erkenntnis macht die *Notwendigkeit der Selbsterziehung* als Voraussetzung der Selbstwerdung sichtbar.

Auch dazu gibt es keine besseren Vorbilder als die Mystiker, die den Menschen in einem ständigen Prozeß des Bessermachens und Besserwerdens sehen.

Was sie uns bewußt machen, ist dies:
Unser Leben ist das Ergebnis unseres Denkens. Es ist ein getreues Abbild unserer bisherigen Gedanken und Wünsche, Worte und Taten. Wenn unser Leben uns nicht gefällt, müssen wir die *Ursachen* ändern, auf positives Denken und Verhalten umschalten und so die Umstände zur Umstellung bringen. Zum Glück können wir damit jeden Tag von neuem beginnen und damit ständig Größeres erreichen.

Psychodynamisch gesehen, ist Selbsterziehung vornehmlich *Gedankenerziehung*, Ausrichtung der Gedanken auf das Gute, Lichte, Positive, Geistig-Göttliche, wie es *Paulus* den Philippern anriet: „Was wahrhaftig ist, was ehrbar, was gerecht, was rein, was lieblich, was wohllautet, *dem denket nach*".

In den Gedanken hat Gott uns ein Mittel gegeben, unser Leben und Schicksal in Freiheit zu gestalten:

Jeder Gedanke ist ein Energieträger, eine aktive Potenz, die es bewußt und gelassen zu nutzen gilt. Solch gelassene Gedankenumschaltung und Sinnesänderung ist, wie *Seuse* sagt, „Gott lieber als selbstsüchtige Stetigkeit. Befleißige dich darum, daß keine störende Aufwallung des Gemüts entsteht, die dich vom Idealbild deiner selbst abzieht. Sorge, daß in deinem Denken wie in deinen Werken immer die Vernunft die Führung hat; denn wenn das Sinnliche zu schnell herausschießt, wird alles übel. Sorge darum, daß der äußere Mensch mit dem inneren übereinstimmt".

Wir haben jederzeit nicht nur die Möglichkeit, sondern auch die Kraft zu solcher Selbsterziehung. Denn der Mittler dieser Kraft ist unser Selbst.

Was für die Erziehung der *Gedanken* gilt, umfaßt auch das gesprochene *Wort*. Sorgen wir darum, daß auch unsere Worte Bejahungen sind und nur Gutes wirken. „Ein gutes Wort, gesprochen zur rechten Zeit, ist wie goldene Äpfel auf silbernen Schalen". (Spr. 25, 11)

Bejahen wir darum immer wieder:

„Als Herr meiner Gedanken und Worte gebe ich nur denen

in mir Raum und durch mich Ausdruck, die das Gute für alle herbeiziehen und verwirklichen helfen.

Ich entfalte und betätige die aufbauende Bildekraft meiner Gedanken und Worte liebend und segnend auf positive Ziele hin, um das Gute und Schöne in Welt und Leben mehren zu helfen!"

Wenn wir beharrlich so denken und handeln, führt die Selbsterziehung zu fortschreitender *Selbstvervollkommnung*. Das bedeutet schrittweise Loslösung und Freiwerdung von allem, was uns noch – wie Meister Eckehart sagt – an ‚Zergänglichem' anhaftet und behindert, also dessen, was als ichhafte Beilegung und Verhüllung unserem innersten Wesen nicht zugehört.

Wie fortschreitende Vervollkommnung erreicht wird, haben wiederum die Mystiker am klarsten aufgezeigt und demonstriert. Sie raten uns, so zu denken, zu handeln und zu leben, als ob auf dieser Welt nichts sei als wir und Gott, der Geist der Liebe, der uns mit der Anlage zu höchster Vollkommenheit schuf und mit der Kraft ausrüstete, diese innere Vollkommenheit auch nach außen hin zu offenbaren.

So gesehen, ist unsere Entwicklung buchstäblich die ‚Heraus-Wickelung' unseres göttlichen Selbst aus den verbergenden Hüllen der Ichheit. Sie findet ihren ersten Gipfel in der Erleuchtung, wie sie *Ruysbroeck* erfuhr als „eine plötzliche Einstrahlung der göttlichen Liebe, die einen blitzgleich von innen her durchzuckt und bewegt. Diese Bewegung ist es, die die Seele sehend macht: sie erkennt ihre schrankenlose Freiheit, so daß der Mensch von da an ungehindert Einkehr in sich halten kann, so oft er seines Gottes gedenkt".

Ihm sekundiert der Unity-Lehrer Charles *Fillmore*: „In dem Grade, wie der Mensch sich mit der inneren Quelle des Lebens identifiziert, wird er zum Ausdruck und Werkzeug des Geistes, bis diese Vereinigung schließlich jene Vollkommenheit erreicht, in der er mit Jesus Christus sagen kann: ‚Ich und der Vater sind eins'."

Der innere Mensch

Auf dem Wege der Selbstbesinnung und Selbsterziehung rückt der *innere Mensch* zunehmend nach vorn, während der äußere zurücktritt. So gesehen, zielt das JA zum Menschsein deutlich auf den inneren Menschen – ganz im Sinne des *Eckehart-Wortes*: „Lege deine Ichheit ab und alles, was nicht dein eigentliches Wesen ist, und erkenne dich als den, der du in Gott bist". Zu gleichem rät *Angelus Silesius*:

„Mensch, bleibe doch nicht Mensch! Du mußt aufs Höchste kommen. Bei Gotte werden nur die Götter angenommen".

Altindische Weisheit weist auf das gleiche Ziel: „Wisse, daß dein Wesen aus Geist geformt ist und allem äußeren Geschehen gelassen zuschaut. Wenn du dessen inne wirst und zu gleichem Schauen gelangst, findest du Erlösung. Du erkennst dann in deinem inneren Menschen den Berührungspunkt mit dem Unendlichen".

So sah es *Novalis*: „Wir werden die Welt erst verstehen, wenn wir uns selbst verstehen, weil wir und sie integrierende Hälften sind. Gottes Kinder, göttliche Keime sind wir alle. Einst werden wir sein, was unser Vater ist ... Jeder Mensch, der jetzt (bewußt) von Gott und durch Gott lebt, wird einst selbst Gott werden", d. h. Gottunmittelbarkeit erlangen.

Der gleichen universalen Schau begegnen wir schon in den Upanishaden: „So groß der Weltenraum ist, so groß ist der Raum im innersten des Herzens, des Geistes: das Innen-All".

*

Der innere Mensch, um den es hier geht, ist, wie Valentin *Weigel* sagt, „ein Mikrokosmos, der nach dem Bilde des Makrokosmos geschaffen und darum älter ist als diese Welt. Er ist ein Inbegriff der ganzen Schöpfung und ist, wie diese, *in Gott und Gott in ihm.* Was im Himmel ist, ist auch im Menschen. Wir dürfen darum den Himmel nicht außer uns suchen, ist er doch in uns.

Nur *wir* hindern uns und erkennen uns selbst nicht und finden darum nicht den in uns verborgenen Schatz, der größer ist als Himmel und Erde".

In ähnlicher Weise sah Jakob *Boehme* im Menschen als Mikrokosmos den Spiegel, das Ebenbild und die Quintessenz des sichtbaren und des unsichtbaren Makrokosmos: „Der Mensch öffnet sich nach innen bis hinab in die bodenlose Urtiefe der Gottheit. In ihm ist die Ewigkeit gegenwärtig".

Noch deutlicher sprach Meister *Eckehart* es aus:

„Es ist etwas in der Seele, in ihrem tiefsten Grund, das über ihre Geschaffenheit hinausgeht. Es ist göttlicher Art, einfaltig in sich selber, ein ungeschaffenes Licht, ein göttlicher Funke ...

... Mit unserer Kreatürlichkeit gelangen wir nicht in diesen Seelengrund, der von Zeit und Vergänglichkeit nicht berührt wird. Er kommt aus dem Geiste, bleibt ewig im Geist und ist göttlichen Wesens. In diesem Zentrum der Seele entfaltet sich Gott unablässig in seiner ganzen Herrlichkeit. Es ist ein so überwältigendes Gefühl der Glückseligkeit, daß man es nicht beschreiben kann. Hier glutet und flammt Gott beständig in all seiner Unendlichkeit, Liebe und Herrlichkeit ...

... Hier ist Gottes Grund mein Grund und mein Grund Gottes Grund. In dem Durchbruch dorthin stehe ich ledig meines Eigenwesens – meiner Ichheit – und aller Werke, bin ich über aller Geschaffenheit, Gott in Gott".

In gleicher Weise sprach *Ruysbroeck* vom Seelengrund als der Stätte, wo die Berührung und die Einswerdung mit Gott statthat, von der im weiteren zu sprechen ist:

„Hier ist Gott allezeit innewohnend und gegenwärtig. Der Seelengrund ist der höchste Gipfel des Menschenwesens und die Vollendung des Menschseins. Hier steht der innere Mensch, der Geist, in seiner absoluten Freiheit, denn *hier sind Mensch und Gott eins*".

Der lebendige Gott in uns

Eben weil unser Seelengrund mit dem Gottesgrund eins ist, genügt uns unsere Ichheit nicht. Unser Verlangen geht nach dem innerweltlichen Gott. Dieser *lebendige Gott,* sagt Jakob *Boehme,* „ist dem Gottlosen ein fremdes, unbegreifliches Wesen. Gott ist wohl in ihm wie im Gläubigen, aber er vermag das göttliche Licht in seinem Innern noch nicht zu sehen und zu erreichen".

Dies deshalb nicht, weil Gott mit den Sinnen und mit dem Denken nicht erfaßbar ist. Auch ist Gott nichts von alledem, was Theologen von ihm aussagen. Der Verstand ist zu schwach, das diskursive Denken unvermögend, die letzte Einheit, das Göttliche, zu begreifen.

Das meint der Mystiker Hans *Denck:* „Wer Gott nicht durch Gott selbst erkennen lernt, der hat ihn noch nicht erkannt". Den Grund dafür nennt Angelus Silesius:

„Gott spricht nur immer JA. Der Teufel nur sagt: Nein. Drum kann er auch mit Gott nicht JA und Eines sein".

Der ‚Teufel' – das ist der *Adam* in uns, unsere Ichheit, die sich gegen den inneren ‚Zug zu Gott' wehrt. Trotzdem ist, wie Meister *Eckehart* klarstellt, „Gott immer in uns und bei uns, soweit er auch *uns* dort – im Seelengrund – findet und wir uns nicht durch unsere Sinne und unsere Ichheit nach außen verleiten lassen. Gottes kann man nur im Herzen, nicht im Verstande teilhaftig werden".

Eckehart spricht vom ‚Gottesfünklein in der Seele', der ‚scintilla animae divina'. Dieser Funke ist, wie *Ruysbroeck* anfügt, „das Ebenbild Gottes, durch das der Mensch unmittelbar. mit Gott verbunden ist. Er muß dieser seiner Verwandtschaft mit Gott sich nur wieder bewußt werden und im Seelengrund zur Einheit mit dem lebendigen Gott in ihm gelangen".

Viele Mystiker erlebten dieses Einssein im Innern und berichteten, daß die erste Berührung schon von einem Gefühl unermeßlicher Freude und Seligkeit, Befreiung und Erlösung begleitet wird und von der Erkenntnis, daß alles gut ist, weil gottdurchwirkt und gottgewollt.

Mit *Augustin* bekennen sie: „Gott ist innerlicher als mein Innerstes und höher als mein Höchstes." Gleicher Erfahrung gaben schon die Verfasser der Upanishaden Ausdruck:

„Dieser mein Atman (das Selbst, der Gottesfunke) im innersten Herzensgrund ist kleiner als ein Reiskorn, und zugleich ist er größer als der Himmel, als das Universum ... Der im Menschen wohnt, der in der Sonne wohnt und der das Weltall beherrscht, ist ein und derselbe".

*

Aus alledem wird unsere Aufgabe und der letzte Sinn des JA zum Menschsein deutlich, von der die Unity-Lehrerin *Emilie Cady*[1] spricht:

„Höchstes Ziel jedes Menschen sollte es sein, sich des innewohnenden Gottes bewußt zu werden und auch in allen äußeren Angelegenheiten seine Befreiung durch dieses göttliche Eine zu bejahen. Es sollte ein stilles, gelassenes, unerschütterliches Vertrauen sein, daß die innere Allweisheit und Allmacht das erwünschte Gute vollbringen wird".

Der mittelalterliche lothringische Mystiker Bruder *Lorenz* sprach vom mehrfachen Segen des Bewußtseins der inneren Gott-Gegenwart:

„Der erste Segen ist der, daß der Glaube davon lebendiger und tatkräftiger wird in allen Angelegenheiten des äußeren Daseins und daß die Seele sich dabei zugleich dem Zustand der Seligkeit nähert, bis sie sagen kann: Ich glaube nicht mehr, ich sehe, erfahre und weiß!

Der zweite Segen ist, daß das Bewußtsein der inneren Gottgegenwart die Fähigkeit verstärkt, dieses Gute zu genießen, zu sichern und zu erhalten.

---

[1] in ihrer „Wahrheitslehre", einem grundlegenden Unity-Werk. Siehe dazu auch ihr „Frei von allen Fesseln" (Frick Verlag, Pforzheim)

Der dritte Segen besteht darin, daß die Seele dadurch mit Gott so vertraut wird, daß sie das ganze fernere Erdenleben in fortdauernden Taten der Liebe, der Verehrung, des Lobes, des Opfers und aller Tugenden verbringt, die für sie Äußerungen und Verwirklichungen der göttlichen Gegenwart sind".

Denn Gott *in uns* bedeutet immer zugleich: Gott *mit uns*. In dieser Gewißheit begegnen wir jedem neuen Tage mit Zuversicht. Bei jedem Problem bleiben wir gewiß: Gott gibt die Lösung. Gott trifft die rechte Entscheidung und macht sie uns bewußt; er erfüllt uns mit der Erkenntnis dessen, was zu tun ist – im Sinne des Wortes (Jos. 1, 9): „Der Herr, dein Gott, ist mit dir in allem, was du tust".

Darum können wir im Blick auf unser Menschsein bejahen:

„Gott in mir ist mein Halt und mein Hort. Er leitet und versorgt mich. Er gibt mir Kraft, Einsicht und Weisheit in allem, was ich erstrebe und wirke. Sein Geist ist mein Geist, sein Wille mein Wille, sein Leben ist mein Leben.

Gott in mir ist Liebe und erfüllt mein Wesen, mein Leben und meine Welt mit Liebe und Güte.

Gott in mir ist Weisheit und erfüllt mich, mein Leben und meine Welt mit Erkenntnisklarheit und Gewißheit.

Gott in mir ist mein Tröster und Beschützer, mein Heiler und Helfer. Er gibt mir den Mut und die Kraft, mein Menschsein und mein Dasein rückhaltlos zu bejahen, immer nach dem Höchsten zu streben und allezeit mein Bestes zu geben!"

JA zum Dasein

"Das Paradies ist alles, was da ist. Denn alles, was da ist, ist gut und erfreulich. Wie das Paradies eine Vorstadt des Himmelreichs ist, so ist alles, was Dasein hat, eine Vorstufe des Ewigen und der Ewigkeit. Alle Kreaturen sind Wegweisungen zu Gott und Träger der Ewigkeit".
Der Frankfurter Deutschherr

Das nächste Große JA ist das *JA zum Dasein,* zu dem uns wiederum die Mystiker am sichersten leiten. Sie haben vorgelebt und vorweggenommen, was wir durch unser JA zum Dasein erreichen können.

Sie bejahen das Leben in seiner Tiefe und die Welt, weil sie alles mit den Augen Gottes und darum als *gut* erkennen. Das äußere Leben ist für sie der Vorhof des inneren. Frei geworden von den Beschränkungen der Sinne, sehen sie das Dasein in seiner *Ganzheit:* hinter der sinnenhaften Seite gewahren sie die andere, lichtere geistige Seite des Lebens, auf der sie so bewußt leben wie der Alltagsmensch auf der physischen. Ihr Streben geht dahin, das sinnenhafte Leben mit dem außersinnlichen geistigen Leben zu einen.

Sie nennen uns den Schlüssel dazu, wenn sie uns mahnen:

Ob unser Dasein dürftig ist oder reich an großem Geschehen und beglückenden Fortschritten, liegt *bei uns:* bei unserem zagenden *Nein* oder gläubig-wagenden *JA.* Wer sich das JA zum Dasein zur Gewohnheit macht, ist auf dem Wege zu den Höhen des Lebens und zur Meisterung seines Schicksals.

Alles im Leben ist einstellungsbedingt, ist letztlich ein Bewußtseinsproblem. Negative Gedankenschaltung macht alles schwer und leidig, positive Psycho-Schaltung, freudiges JA zum

Dasein mit allem, was es bringt, macht alles lichter und leichter und uns selbst zu Gewinnern im Spiel des Lebens.

Wir sind, wie ein Dichter sagt, „in diese Welt gekommen, nicht, um sie nur kennen zu lernen, sondern um sie zu bejahen und durch Bejahung zu meistern". Wir sind unserem Wesen und unseren Kräften nach sichtlich hierauf angelegt.

Die meisten allerdings sind sich dessen noch nicht bewußt: sie sind nur da, sie werden gelebt und leiden am Dasein, während jene, die zu sich selbst wie zum Dasein JA sagen, dynamisch und aktiv werden und *wirklich leben.*

Ihr JA macht sie zu Lebewesen, die aus dem Wesen leben, die ihr Dasein und Sosein als Aufgabe sehen und es darum nicht nur ertragen, sondern es bewußt immer ertragreicher und sinnerfüllter gestalten.

Ein Grundsatz der Psychodynamik besagt: was wir bejahen, das fördern und mehren wir. Wenn wir das Dasein dankbar bejahen, stärken wir unseren Willen und unser Verwirklichungsvermögen. Wir werden gelassener und fähiger zur Lebensmeisterung. Im gleichen Maße erleben wir, wie unser Dasein reicher, lichter, leichter lenkbar, gesegneter und vollkommener wird.

Der Mystiker hält jedes Dasein für lebenswert, weil es Schöpfung der Gottheit ist, in der die Gaben des einzelnen Wesens seinen Aufgaben entsprechen, die auf die Verwesentlichung seines Lebens zielen und auf sein Ausgerichtetsein auf das ewige Leben hinter dem zeitlichen. Recht gesehen, ist der Lebenswille göttlichen Ursprungs:

er strebt nach Selbstentfaltung und Vervollkommnung und nach jener *Ganzheit und Dauer,* die dem Absoluten eigen sind. Der Lebensstrom entfloß dem Herzen der Gottheit und führt, wie der Blutkreislauf im Körper, wieder zum Herzen zurück. Darum ist alles irdische wie kosmische Leben Teil des göttlichen All-Lebens und All-Seins. Und alles Wirken in dieser Welt zielt auf das Wirksamwerden des Göttlichen. Darauf weist *Meister Eckehart:*

„*Da* man in dieser Welt nicht ohne Tätigkeiten, ohne Arbeit leben kann, gilt es zu lernen, Gott in allen Dingen und allen Tätigkeiten zu sehen und wirken zu lassen – nicht zuletzt bei der täglichen Arbeit und bei allem, was dazu gehört".

„Einer gerechten Beschäftigung ledig sein wollen, ist das gefährlichste Ledigsein, das man haben kann", mahnt *Seuse,* um uns bewußt zu machen, daß das JA zum Dasein ein JA zum *Handeln* im Dienste des Lebens ist. Leben heißt: schaffend sich selbst verwirklichen. Recht gesehen, ist alle Arbeit sichtbar gemachte *Liebe.* Die Liebe ist die schöpferische Kraft, die in allem, was lebt, nach Vollendung drängt.

Vergessen wir dabei nicht, daß, wie *Marc Aurel* sagt, „die Erde nur ein Tropfen im Ozean des Alls ist und alle Vergangenheit und Gegenwart nur ein Augenblick der Ewigkeit. Alles kommt aus einer Quelle. Darum ist alles, das Schlechte wie das Gute, ein notwendiger, unentbehrlicher Teil der herrlichen Welt, in der wir leben".

JA zur Welt

Auch das als leidig empfundene Schicksal ist Mittel rascherer Reifung, zu dem wir darum JA sagen sollten.

Wenn wir das, was uns trifft, bejahen, statt uns dagegen zu wehren, wird es uns trefflicher machen und segnen. Wir finden dann jeden Tag neuen Grund, selbst in schweren Stunden für unser Dasein zu danken in einer Welt, die nur der Vordergrund der größeren Welt des göttlichen Geistes ist.

Denn wie Gott der Seele innewohnt, so auch der Welt. Auch in der Natur ist nichts seelenlos. Alles ist Offenbarung, Erscheinungsform des Ewigen, des Einen, der in allem ist.

Auch die scheinbar ‚tote' *Materie,* die letztlich nichts ist als teils latente, teils aktive *Energie,* befindet sich in einem Prozeß fortschreitender Entfaltung zu höheren Formen der Allkraft und der Geistigkeit. Und wenn die Welt als Schöpfung und Wirkungsfeld Gottes als *Ganzes* gut ist, ist sie es auch im *Einzelnen* und darum zu bejahen.

Die Erkenntnis der schicksalgestaltenden Macht des JA *zur Welt* ist eine Entdeckung, die uns mit einem Schlage von Hemmungen, Schwächen und Belastungen befreien kann. Schließlich wird jedes bewußt gesprochene JA Keimgrund neuer Wirklichkeiten und zugleich ein Schutz gegen alles Wesenswidrige, das so viele an der Welt leiden läßt.

Es geht hier um jene von Kraftbewußtheit erfüllte Bejahung von Welt und Dasein, mit der das *größere Leben* beginnt, das zu wachsender Harmonie und Fülle aufwärts führt.

Eben dies ist es, was alle Weisen uns raten:

Glaube an die Welt und den Geist der Welten und bejahe dich als mitschöpferischen Teil des Lebensganzen! Deine gläubige Bejahung verwandelt Möglichkeiten in Wirklichkeiten und führt dir zu, was deinem Wesen gemäß und deiner positiven Geisteshaltung dienlich ist.

Letztlich wächst rechte Welt- und Lebensbejahung aus dem Bewußtsein der aller Vielheit zugrundeliegenden *Einheit,* in der, nach *Görres,* „alle Gegensätze in Harmonie in einer höheren Synthese aufgelöst sind und die Melodie als Ganzes wahrgenommen wird".

Wohl uns, wenn wir die Einstellung Franz von Assisis gewinnen, der alles Erschaffene liebte und lobte, weil er sich ihm innerlich verwandt wußte. Darum besang er ‚unseren Bruder, die Sonne', ‚unsere Mutter, die Erde', das Wasser, den Wind, die Tiere und den Menschen. Er zähmte einen von allen gefürchteten wilden Wolf durch seinen Blick und seine Glaubenskraft, so daß dieser ihm überall hin folgte.

Gleich Franziskus sollten auch wir jederzeit, mitten im Alltag, ob unserer Teilhabe am ewigen, göttlichen Leben begeistert sein, um in jeder Wandlung sogleich das gottgewollte *Gute* zu erkennen und zu ergreifen. Was heißt begeistert, ‚enthusiasmiert' sein denn anderes als: vom Geiste Gottes erfüllt und damit in jeder Wandlung der Überlegen-Bleibende zu sein ...

Der Mystiker sagt mit *Yüan Wu:* „Tag um Tag ist guter Tag. Nichts verbürgt und birgt mehr Glück als der gegenwärtige Augenblick, die jetzige Stunde, der heutige Tag".

Mit jedem JA segnen wir das Leben, unsere Arbeit, unsere Lieben, unsere Nachbarn, unsere Umwelt, bringen Quellen der Freude zum Fließen und latentes Gutes zum Wirken. Bejahen wir darum:

„Ich liebe und bejahe das Leben und freue mich über jeden Schritt vorwärts, der mir neue Möglichkeiten erschließt. Ich schreite ständig aufwärts, lichtwärts, gottwärts.

Ich betrachte das Leben als Abenteuer, in dem mir immer mehr Gutes und Förderliches begegnet, weil der Unendliche Geist des Guten in mir und mit mir ist und mein Wohl will.

Ich liebe und segne die Welt und überschütte sie mit guten Gedanken, damit das Gute in allen Wesen, allen Dingen und allen Umständen zum Vorschein kommt. Und wie ich alle segne, so weiß ich mich selbst gesegnet und von Gott geliebt und geleitet!"

Gelassenheit

Die köstlichste Frucht der Daseins- und Weltbejahung ist zunehmende Ruhe und Gelassenheit. Schon *Demokrit* erkannte, daß es „hohen Sinn offenbart, alles mit Gelassenheit entgegenzunehmen". Jeder Mystiker stimmt ihm mit *Seuse* zu:

„Ein recht gelassener Mensch befleißigt sich vierer Dinge: erstens ist er gut und gerecht im Wandel, so daß die Dinge, ohne ihn selbst abzuziehen, aus ihm fließen. Zweitens bleibt er allezeit ruhig und gelassen in den Sinnen, ohne hin und her zu flattern. Drittens achtet er darauf, daß er nirgends haftet und anhängt und daß nichts Kreatürliches ihn verlockt. Und viertens ist er liebreich auch zu denen, durch die Gott ihn von irdischen Dingen trennen will. Er sieht nicht allezeit darauf, wessen er bedarf, sondern darauf, was er entbehren, worauf er ohne inneren Verlust verzichten kann. So gestaltet er in sich kein Unglück, sondern zähmt und lenkt die Kräfte seiner Seele so, daß, wenn er in sich sieht, er das All sieht ... *Solchermaßen wird ein gelassener Mensch entbildet von der Kreatur, umgebildet mit Christo und überbildet in der Gottheit.*"

Auch Jakob *Boehme* sieht in der Gelassenheit das granitene Fundament, von dem aus der Mensch mitten in der Mannigfaltigkeit der Umwelt zur Einheit mit dem Einen gelangt. In ihr ist der Weise sich seines Verankertseins in Gott und der göttlichen Ordnung bewußt und darum durch das Auf und Ab der Außenwelt nicht zu erschüttern. Auf diese Folge der Gelassenheit, die letztlich *Gottgelassenheit ist*, weist *Angelus Silesius*:

„So viel du Gott geläßt, so viel mag er dir werden, Nicht minder und nicht mehr hilft er dir bei Beschwerden".

Gewöhnen wir uns darum, allezeit zu bejahen:

„Ich bin gelassen, weil ich mich durch die Kraft in mir dem Geist der Welten verbunden und allen Wandlungen in Raum und Zeit überlegen weiß!

Alle Zeit ist mein, weil ich in der immerwährenden Gegenwart lebe, die zugleich Gegenwart Gottes ist. Darum habe ich Zeit für alles, was das Gute fördert und mehrt.

Auch im Wechsel der Dinge und Verhältnisse bejahe ich das Gute in heiterer Ausgeglichenheit und Gelassenheit. Gelassen erwarte ich nur höherweisende Erfahrungen und bin darum allezeit bereit, auf jede Änderung positiv zu antworten und aus allem das Beste zu machen!"

Hinwendung zum inneren Leben

Jedes JA zum Dasein und zur Welt läuft letztlich auf ein *JA zum inneren Leben* hinaus. Und das ist, wie *Seuse* sagt, jedesmal ein Gewinn: „Wem die äußere Tätigkeit innerlich wird, dessen Innerlichkeit ist größer, als wenn nur das Innere innerlich wird".

Das JA zum inneren Leben – und das heißt auch: zur Führung und Hilfe von innen und oben – gibt uns eine Sicherheit, der keine äußere Sicherung gleichkommt. Unser JA entfesselt Bildekräfte und Fähigkeiten, die auf keine andere Weise erreichbar sind. Es aktiviert den zielgewissen Mut des Schicksalsichtigen, der weiß, daß alle Dinge und Umstände sich dem Willen seiner inneren Führung fügen und daß darum alles gelingen muß, solange er das Gute will.

Unser allvertrauendes JA zum inneren Leben löst jene Schicksalsdynamik und jene Kettenreaktionen von Geschehensursachen aus, die in ihrer letzten Folge und Auswirkung den Sieg bedingen. Zugleich gewahren wir das Not-Wendende aller Ereignisse, die als Folge unseres gläubigen JA automatisch abrollen.

Was kein ‚Verstand der Verständigen' zu erfassen vermag, das spürt unser wacher Schicksalssinn intuitiv als unserem Wesen gemäß und heißt es als uns dienlich willkommen.

Mit anderen Worten: weil wir es innerlich einsehen und begreifen, begrüßen wir als Segnung und *Förderung,* was andere als *Forderung* und Gefahr zurückweichen läßt. Wo andere sich mit letztlich selbstgewirkten Widerständen und Nöten plagen und herumschlagen, schließlich verzagen und versagen, schreitet der Bejahende und der inneren Führung Folgende gläubig vorwärts, des siegreichen Ausgangs gewiß.

Jeder Zufall offenbart sich ihm als weisheitsvolle Fügung – als sichtbares Sich-Fügen der Dinge und Umstände in den Willen der inneren Führung. Er weiß, daß ihm nur begegnet, was seiner Höherentfaltung, Reifung und Vollendung dient.

Die Hinwendung zum inneren Leben geschieht in *Stille und Schweigen*. Was das bedeutet, haben wiederum die Mystiker uns vorgelebt. Für sie ist Stillesein nicht nur ein Schweigen nach außen hin, sondern weit mehr ein inneres Zur-Stille-selbst-werden.

Im Schweigen werden wir wach für die Wirklichkeit, hellsichtig für das innere Licht, hellhörig für die Weisheit des göttlichen Worts. Wir spüren die Kraft der Stille und erleben die Weitung unseres Bewußtseins ins Über- und Allbewußte und unser Freisein von innen her.

Hier, in der Stille des Innern, verklingen alle Disharmonien der Außenwelt. Sie weichen dem Zusammenklang der göttlichen Allharmonie.

Keine Frage, die nicht in der Stille Antwort findet: hier fällt Licht auf alles, was uns dunkel erscheint – weil wir in der Stille nicht nur aus dem Gedächtnisschatz des Unterbewußtseins, sondern auch aus dem Erfahrungsschatz des Kollektiven Unbewußten und aus dem Erkenntnis- und Weisheitsschatz des Überbewußtseins schöpfen.

Ebenso wird alles, was in der Stille an Gutem bejaht wird, zum Wachsen und Fruchttragen gebracht. In der Stille werden Wandlungen angebahnt, die den Ablauf der Dinge und Geschicke in der Außenwelt ändern.

Und auch nach Rückkehr aus der Stille spüren wir das in ihr Gewonnene: lebendigere Bewußtheit, erhöhte Geduld und Ausdauer, Selbstbeherrschung und Gelassenheit, Kraftzunahme und Überlegenheit. Damit verbunden ist das beglückende Bewußtsein, daß wir *nicht allein* sind. Wir hören in der Stille das Wispern der Seele und vernehmen Stimmen von drüben.

So erlebte es die stumm-blind-taube Helen *Keller*:

„Auf meinem Wege durch die Dunkelheit wurde ich in der Stille raunender Stimmen aus dem Geisterreich gewahr, die mich ermutigten. Ich erbebe unter einer Musik, die von den Pulsschlägen Gottes getragen scheint. Inmitten des Schweigens leuchtet mir ein Licht, das mir eine tausendfältige Schau eröffnet, wenn der Tod mich befreit …

... Für den Tauben und Blinden bietet die Vorstellung einer geistigen Welt keine Schwierigkeit. Für meine Körpersinne ist die äußere Welt so unbestimmt und fern, wie es die innere Welt und die geistigen Dinge für die meisten Menschen zu sein scheinen. Die inneren Sinne verleihen mir die Schau des für die äußeren Sinne nicht Wahrnehmbaren. Und diese innere Welt ist leidlos und voller Seligkeiten".

*

Wenn Jesus Christus seinen Jüngern anriet ‚in das Kämmerlein zu treten und die Türe zu schließen‘, meinte er damit die Stille des Innern, in die man nach dem Schließen der Tür des Ichbewußtseins eintritt. Hier gilt die Mahnung des Propheten (Hab. 2, 20): „Der Herr ist in seinem heiligen Tempel; es sei vor ihm stille alle Welt".

Alle Mystiker betonen mit Meister *Eckehart,* daß „Gott mit äußeren Übungen und Gebeten so wenig zu finden ist wie in der Sünde. Dennoch sind Leute, die viele solcher Übungen auf sich nehmen, in den Augen der Welt geachtet. Das kommt von der Ähnlichkeit: die Leute, die nichts anderes verstehen als sinnfällige Dinge, achten nur das groß, was sie mit den Sinnen zu begreifen vermögen. Es weiß immer ein Esel den anderen zu schätzen ...

... Fragt man mich, was der Schöpfer meinte, als er die Kreaturen schuf, antworte ich: Ruhe. Fragt man mich, was alle Kreaturen ihrem *Wesen* nach suchen, antworte ich abermals: Ruhe, Ruhe des Herzens. Und fragt man mich, was die Seele auf allen ihren Wegen sucht, sage ich abermals: Ruhe. Im Schweigen und Stillesein vor Gott vermag der Mensch am ehesten seine Reinheit und Lauterkeit zu entfalten und zu bewahren. Hier ist die Seele ganz in ihren eigenen Grund entsunken" .

Hier, im Reich der Stille, vollzieht sich das *Mysterium der Wandlung:* die Innewerdung des Ewigen in der Welt der Erscheinungen, die Erkenntnis der Lichtdurchflutetheit und Gotterfülltheit der Welt.

Das göttliche Leben

Hier, in der Stille, wird uns die stete Gegenwart des göttlichen Lebens bewußt. Es ist die Antwort auf das Große JA zu uns selbst und zum Menschsein, zum Leben und zum göttlichen Urgrund des Lebens und der Welt.

Im Blick auf das Tor der Stille mahnt der Mystiker: „Niemand kann dir den Schlüssel zum Himmelreich geben und dir aufschließen; du mußt selber den Zutritt erlangen, eintreten und von neuem geboren werden. In dem Maße, wie du dich von allem Geschaffenen gelöst hast und dem göttlichen Leben zugewandt bist, in demselben Maße wirst du gereinigt, erneuert und beseligt."

Es gibt, fährt *Seuse* fort, „ein im tiefsten Innern Einfaltiges, Zweitloses, wo der Mensch nicht mehr eine Erscheinungsform liebt, sondern wo er eins ist mit dem göttlichen Leben".

Im gleichen Sinne meint Meister *Eckehart:* „Von den Dingen voll sein heißt Gottes leer sein; von den Dingen leer sein heißt Gottes voll sein." Dieses göttliche Leben ist als innerseelische Wirklichkeit von jedem erfahrbar: „Gott ist dir näher, als du dir selber bist".

Dem fügt Valentin *Weigel* hinzu: „Wer in Gott lebt und Gott in ihm, der ist daheim und kann nicht verjagt werden, er sei gleich an welchem Ort immer. Er kann Gottes Liebe und Gottes Wort nicht verlieren, denn Christus ist in ihm".

Mitten im Schweigen, sagt wiederum Eckehart, „wurde ein verborgenes Wort in mich hineingesprochen. Der Ort, wo dies statthat, ist der edelste Teil der Seele: der Seelengrund ... Das Beste und Herrlichste, wozu du in deinem Leben gelangen magst, ist, daß du schweigest und Gott in dir sprechen und wirken läßest".

Alsdann gewahrt man, daß, wie Jakob *Boehme* ergänzt, „die Seele Gottes eigenes Wesen und das Leben der Seele göttliches Leben ist. Gott ist das Wesen unseres Wesens, und wir sind

Götter in ihm, durch die er sich offenbart. Was im Himmel ist, ist auch in uns, und nichts Göttliches kann genannt werden, das nicht auch im Menschen wäre".

Er verweist damit auf das Wort, das der Psalmist und ebenso Jesus Christus sprach (Ps. 82, 6; Joh. 10, 34): „Ihr seid Götter und allzumal Kinder des Höchsten".

In dieser Gottebenbildlichkeit des Menschen gründet seine Unvergänglichkeit. Darum können wir im Blick auf das göttliche Leben in uns dankbaren Herzens bejahen:

„Als Offenbarung göttlichen Lebens bin ich Träger göttlicher Liebe, Weisheit und Macht. Mein inneres Sein bleibt sich immer gleich, wie jung oder alt auch mein Körperkleid sein mag.

Das göttliche Leben in mir bleibt unberührt vom Wechsel und Wandel der Dinge. Es kennt weder Altern noch Tod und Vergehen.

Die Unvergänglichkeit meines Selbst erfüllt mich mit dem Bewußtsein ewiger Jugend. Je williger Leib und Seele meinem Geiste dienen, desto mehr werden auch sie zum sichtbaren Ausdruck meines ewigen inneren Jungseins.

Im Bewußtsein meiner Unvergänglichkeit lebe ich allezeit in der Gegenwart als dem immerwährenden Berührungspunkt mit dem Ewigen. Als Kraftfeld göttlichen Wesens lebe ich im ewigen Jetzt!"

JA zur inneren Kraft

„Ich habe eine Kraft in meiner Seele, die für Gott durch und durch empfänglich ist. Ich bin des so gewiß, wie ich lebe, daß mir nichts so nahe ist wie Gott mit seiner Kraft: Er ist mir näher, als ich mir selber bin. Mein Dasein hängt daran, daß die göttliche Kraft in mir mir bewußt gegenwärtig ist".

Meister Eckehart

Aus dem freudigen JA zum Leben erwächst das nächste *Große JA zur inneren Kraft*.

Alle Kraft kommt von innen und von oben. Ihre Quelle ist Gott, und ihr Mittler ist Christus in uns, wie es der Apostel erkannte (Phil. 4, 13): „Ich vermag alles durch den, der mich mächtig macht – Christus, der in mir ist". Seine Kraft ist unausschöpfbar und steht uns allezeit zur Verfügung.

Im Grunde ist auch der Körper Träger dieser Kraft, ohne die er nicht wäre. Letztlich ist alle Materie unstoffliche bewegte Energie, hinter der schöpferische Bildekräfte und dahinter geistige Mächte am Werke sind, hierarchisch gegliederte Offenbarungen der Urkraft der Gottheit.

Jeder von uns ist seinem innersten Wesen nach ein unzerstörbares geistiges Kraftfeld. Und jedes JA zur Kraft entfesselt schöpferische Potenzen. Jeder Gedanke und jedes Wort ist ein Kraftimpuls.

Auch diese Worte haben Kraft und wecken Kraft, wenn sie besinnlich aufgenommen werden – frei vom Wahn des Begrenztseins.

Auf dem Wege nach innen bringen wir Quellen der Allkraft in uns, die bisher verschüttet waren, zu immer stärkerem Fließen. Und das setzt sich fort bis zur Gipfelerfahrung der Mystiker, dem Aufflammen des inneren Lichts, das von einem blitzgleichen

Aufbruch neuer Kräfte begleitet ist, die sich als Gedanken- und Willens-, Glaubens- und Tat-Kraft auswirken und zumeist von einer Fülle von Inspirationen und Intuitionen begleitet sind.

Eben dies will *Angelus Silesius* uns bewußt machen:
„Mensch, alles, was du willst, ist schon zuvor in dir;
Es lieget nur an dem, daß du's nicht wirkst herfür".

Wir können unser energetisches und kreatives (schöpferisches) Potential nie hoch genug einschätzen. Auch unsere kühnsten Erwartungen bleiben noch weit hinter dem zurück, was Gott uns geschenkt hat und was er von uns an Selbstoffenbarungen erwartet. Gewöhnen wir uns darum, unser Potential immer bewußter, freier und intensiver zu aktivieren und recht zu betätigen!

Für unser tägliches Leben bedeutet das im einzelnen:

Mehr Kraft bewirkt mehr Fortschritt und Erfolg im Leben und Beruf. Wer mehr Kraft wünscht, um Größeres zu vollbringen und zu erreichen, gewöhne sich darum an das ständige *JA zur inneren Kraft*, um das Durchsetzungsvermögen seines Wesenskraftfeldes zu steigern.

Jedes JA entfesselt schon an sich Schöpferkraft. Wird es aber *bewußt* gesprochen, wird der Energieaufstrom um so rascher und deutlicher spürbar und die Daseinsmeisterung entsprechend leichter.

Natürlich genügt es nicht, mechanisch JA zu sagen: es muß *dynamisch*, d. h. so vital und kraftbewußt geschehen, daß man unmittelbar spürt, wie die geistige Energie als Glutwelle aufquillt und sich in Körper, Verhalten und Haltung auswirkt. Unsere selbstbesinnende dynamische Bejahung möge etwa lauten:

„In mir ist die Kraft, die mich allen äußeren Umständen und Einflüssen überlegen macht!

Unendliche Hilfsquellen sind in mir, die mich befähigen, alles zu erreichen und zu verwirklichen, was ich inbrünstig bejahe und was meinem Wesen gemäß ist.

Die Kraft in mir ist die stärkste Macht, die es gibt; denn der Quell der inneren Kraft wird gespeist aus dem unerschöpflichen Energiereservoir der Allkraft!"

Der Schöpfermut gläubiger Kraftbejahung ist das Heilmittel für alle noch empfundenen Schwächen, Mängel und Unzulänglichkeiten, Hemmungen und Hindernisse.

Kraftfelder des Lebens

Als mikrokosmisches Kraftfeld ist der Mensch, wie schon betont, ein Kleinbild der immer umfassenderen makrokosmischen Energiefelder der Himmelskörper, der Galaxien und Metagalaxien und der in ihnen wirkenden Kosmokratoren und göttlichen Wesenheiten.

So sah es der Seher Jakob *Boehme,* und so will seine Mahnung verstanden werden: „Sehen wir zu, daß wir den Quell alles Guten und aller Kraft in uns gewahren! Denn wir haben das Zentrum der Natur in uns. Es ist ein jeder Mensch sein eigener Gott, aber auch sein eigener Teufel; denn wohin er sich neigt, dessen Werkmeister wird er".

Das entspricht dem Standpunkt der Psychodynamik, die tiefer reicht als das Senklot der Psychologie, weil sie alles von innen und damit energetisch sieht, vom Wesen statt von der Erscheinung her, von der Warte des Geistes statt von der der Sinne und technischen Hilfsmittel.

Sie spricht von den ‚Atom-Energien der Seele' einerseits und von der Praxis der ‚Psycho-Elektronik' andererseits, um den energetischen Charakter des Lebens sichtbar zu machen.[2]

Die höchste Form der Kraft-Bewußtheit finden wir beim Mystiker: er erkennt und bejaht sich als unzerstörbares indi-

---

[2] Siehe hierzu „Atom-Energien der Seele. Gedankenmacht und Glaubenskraft als dynamische Lebenshilfen" und den daran anschließenden Band „Ohne Furcht leben! Daseinsmeisterung durch Psycho-Elektronik" (Frick-Verlag, Pforzheim)

viduelles Lebenskraftfeld, das mit dem göttlichen Urkraftfeld unlösbar verbunden ist und von dorther nach dem Maße seines inneren Offenseins gespeist wird. Daher die vitale Energie, die ihn bei seinem Wirken beseelt und treibt.

Da nun jeder von uns in gleicher Weise als Wesenskraftfeld mit dem Allkraftfeld der Gottheit verbunden ist, kann jeder Gleiches erreichen und erfahren wie der Mystiker.

Er muß sich dieser Tatsache nur, wie immer wieder zu betonen ist, lebendig *bewußt* werden. Geschieht das, spürt er früher oder später, wie ihm im Maße seines Lichtstrebens auch individuelle Helferkräfte zur Seite stehen: Engelkräfte, die ihn auf seinem Wege zur Höhe stützen, ermutigen und lichtwärts leiten zu immer lebendigerer Teilhabe an den göttlichen Allkraftströmen.

Ebenso verbindet jedes JA zu den Lebenskraftfeldern unserer *Mitgeschöpfe* uns ihnen inniger und läßt uns an ihrer Kraftfülle teilhaben. Jedes JA löst mentale und spirituelle Schwingungen aus, die die ihnen entsprechenden schöpferischen Bildekräfte aktivieren und die innere Welt wie die Umwelt um einiges verändern.

Bejahen wir darum täglich aufs neue:

„*Durch Gott in mir verfüge ich über ein unerschöpfliches Reservoir an Kraft und Vitalität. Die göttliche Kraft in mir befähigt mich, alle Umstände und Bedingungen und alle Probleme des Daseins zu meistern. Sie belebt, stärkt und erneuert mich ohne Unterlaß.*

Ich bin stark und allem überlegen durch die Kraft Gottes, mit der ich durch mein Wesenskraftfeld eins bin. Kraft erfüllt meinen Körper und meine Seele und wirkt mein Wohlergehen und meinen ständigen Fortschritt und Aufstieg zu den Höhen des Lebens.

Ich lebe im ständigen Bewußtsein der Allgegenwart und Allmacht der inneren Kraft, die mein JA zum Wirken bringt!"

JA zum Können

Das JA zur inneren Kraft ist auch ein JA zu unseren schöpferischen Fähigkeiten und zu wachsendem Leistungsvermögen, weil es bisher brachliegende Potenzen aktiviert.

Es gilt darum, uns auch an dieses *JA zum Können* zu gewöhnen. Jedes JA ist hier ein positiver Impuls zum Lebendig- und Wirksamwerden bisher latenter Talente und Kräfte.

Das JA ist das ‚magische Wort' der alten Mysterienschulen, die um die innere Dynamik schöpferischen Denkens wußten. Wir Menschen sind zumeist unbewußte Magier, die nur einen Teil ihrer Möglichkeiten kennen und nützen.

Wenn es heißt: „Im Anfang war das Wort", so meint das: Im Anfang war das JA zu dem, was Wirklichkeit werden soll. Dynamisch und schöpferisch wird das JA aber nur, wenn es bewußt als ‚Es werde!' gesprochen wird. Dann erhitzt sich das Wasser des Denkens und Könnens nicht nur auf neunzig, sondern auf hundert Grad, so daß es zum Kochen kommt und das von uns Bejahte leistet.

Was immer wir an großen Menschen bewundern, das vermögen wir, auf die uns eigene Weise, ebenfalls. Wir sollten uns darum nie selbstunterschätzend mit anderen vergleichen, sondern bejahen, daß wir als Träger göttlicher Kraft mit den *uns* eigenen Gaben *unsere* Lebensaufgabe in gleicher Vollkommenheit zu meistern imstande sind. „Ein jeglicher hat seine eigenen Gaben von Gott, jener so, der andere so". (1. Kor. 7, 7)

Je höher wir unsere Ziele und Ideale selbstvertrauend ansetzen und je freudiger wir ihre Erreichung bejahen, desto mehr Willensenergien und Tatkräfte werden durch diesen Weckruf aktiviert, und desto beglückter werden wir erkennen, daß wir in der Tat weit begabter und fähiger sind, als wir ahnten, und viel mehr können, als wir wähnten.

Wer das beharrlich bejaht, trägt stets einen Wunsch, ein Ideal im Herzen, hat immer ein höchstes Ziel und stellt sich, wenn es erreicht ist, abermals höhere Aufgaben. Er erwartet immer Größeres von sich im Gewißsein, daß sein Glaube an sein Können sein Leistungsvermögen laufend erhöht und erweitert.

Je freudiger er dabei seine Fähigkeiten in den Dienst des Ganzen stellt, desto stärker wird der Zustrom an neuer Kraft von innen her – aus dem gemeinsamen Urquell.

Bejahen wir darum immer wieder und immer bewußter:

"Ich bringe die mir von Gott gegebenen Kräfte und Fähigkeiten erfolgsbewußt zum Wohl aller Wesen zum Wirken. Ich sehe in jeder Aufgabe, die sich mir stellt, einen Ruf an noch schlummernde Kräfte in mir, sich segenbringend zu entfalten.

Ich bejahe mich an dem Punkt, an dem ich stehe, und in dem Beruf, den ich ausübe, als wichtig und notwendig für das Ganze. Durch die Kraft in mir vermag ich alles, was ich bejahe, und fördere alles, was ich liebevoll segne!"

Der offene Himmel

Der Aufbruch der inneren Kraft ist oft mit einer Bewußtseinserweiterung verbunden: mit dem Innewerden der größeren Wirklichkeit hinter der Sinnenwelt. Der Mystiker beschreibt diese Erfahrung als ein Sich-Offnen des inneren Himmels und als ein Innewerden seiner Bürgerschaft im Reiche Gottes, dem er mit seinem inneren Wesen angehört und aus dem er seine Kraft schöpft.

Im Innewerden des offenen Himmels entbrennt göttliche Sehnsucht im Herzen; eine Liebe glutet auf, wie man sie nie zuvor in dieser Innigkeit verspürt hat. Es ist die Glückseligkeit dessen, der die heiß ersehnte Heimat schaut und sich zu ihr aufmacht. Endlich wurde der Ruf des Mystikers verstanden:

„Halt an, wo läufst du hin? Der Himmel ist in dir.

Suchst du ihn anderswo, fehlst du ihn für und für".

Gleiches meint Rabbi *Nachman:* „Wie die Hand, vors Auge gehalten, den größten Berg verdeckt, so verdeckt das kleine irdische Dasein dem Blick die ungeheuren Lichter und Geheimnisse, deren die Welt voll ist; und wer es vor seinen Augen wegziehen kann, wie man eine Hand wegzieht, der schaut das große Leuchten des Welteninnern."

Wie er, so sehen alle Mystiker den Himmel offen und Gott als das ‚Urlicht in den oberen Himmeln', die nicht fern und unerreichbar, sondern der Seele unendlich nahe sind. In der Tat gibt es nur einen Ort, an dem man den offenen Himmel schaut: das ist der eigene Seelengrund.

Was Mystiker zu Lebzeiten erkannten, vertiefte sich für manche von ihnen bei ihrem Heimgang, wie es William Blake erlebte:

Kurz vor seinem Heimgang wurde sein Antlitz strahlend schön, seine Augen leuchteten und er brach in Jubel aus ob der Dinge, die er im Himmel sah ...

Gleich ihm vermag jeder, der sich einwärts wendet, in seinem Seelengrund den offenen Himmel zu berühren und seines Lichtglanzes und seiner Segnungen hier und jetzt teilhaftig zu werden.

JA zur inneren Führung

„Ich will dich unterweisen und dir den Weg zeigen, den du wandeln sollst; ich will dich mit meinen Augen leiten."   Ps. -32,8.

Das nächste Große JA ist das *JA zur inneren Führung*, zu dem uns wiederum die Mystiker auf Grund reicher eigener Erfahrung raten und leiten.

Wir können – sagen sie – unser Dasein nur begrenzt verlängern, aber wir können es fortlaufend vertiefen, verwesentlichen, bereichern. Dazu müssen wir uns selbstbesinnend einwärts wenden, wie es schon *Marc Aurel* anriet: „Blickt in euch! In eurem Innern ist eine Quelle, die nie versiegt", und wie es *Goethe* forderte: „Suchet in euch, so werdet ihr alles finden. Und freuet euch, wenn da draußen eine Natur liegt, die JA sagt zu allem, was ihr in euch selbst gefunden habt."

Die Umwelt sagt JA zu uns in dem Maße, wie wir es zu uns selbst tun: zu unserem wahren Selbst als dem inneren ‚Kybernetes' oder Steuermann, Zielgeber und Führer. Das bedeutet, daß wir uns bei Zweifeln nicht nach fremder Meinung richten, sondern nach dem gewissen Wissen und den weisen Weisungen unseres inneren Ratgebers und Helfers – wiederum gemäß dem Goethe-Wort: „Ganz leise spricht ein Gott in unserer Brust, ganz leise, ganz vernehmlich, zeigt uns an, was zu ergreifen ist und was zu fliehn." –

Während jedes ängstlich abwehrende *Nein* neue Hemmungen, Widerstände und Widersacher herbeiführt, führt das dankbar - frohe *JA zur Partnerschaft mit dem inneren Führer und Helfer*, zum Aktivwerden eben der Kräfte und Fähigkeiten, die uns den äußeren Dingen und Bedingungen überlegen machen.

Darum wenden wir uns mit unseren Fragen, Sorgen und Problemen in der Stille einwärts und bejahen, schweigend nach innen lauschend, das Bewußtwerden des inneren Rats und Beistands.

Darum schalten wir uns so oft wie möglich in den Rhythmus des inneren Lebens ein – im Gewißsein, daß unser JA uns empfänglich macht für Einsichten und Intuitionen, die zur Lösung unserer Probleme führen, die Überwindung von Fährnissen und Nöten gewährleisten und uns zugleich beglückt unser Behütet-, Beschützt- und Geborgensein von innen her spüren und erfahren lassen.

Solange wir uns von der Weisheit der inneren Führung leiten lassen, sind alle Kräfte und guten Mächte des Lebens auf unserer Seite. Wir finden uns dann immer auf dem Wege des Friedens, der Harmonie und der Liebe und bleiben ruhig, gelassen, ausgeglichen und zielgerichtet.

Wir spüren, daß der Prophet Recht hat, wenn er uns verheißt (Jes. 58,11): „Der Herr wird dich führen", und ebenso der Psalmist (143,10): „Gottes guter Geist führt uns auf ebene Bahn."

Darum bejahen wir:

„Ich vertraue der inneren Führung, die mich befähigt, immer das Rechte zu denken, zu wollen und zu tun. Ich bejahe alles, was kommt, als von der inneren Führung zu meinem Besten gewollt, gelenkt und gewirkt.

Auch beim Zusammensein und Zusammenwirken mit anderen bleibe ich dessen gewiß und darum ruhig und heiter, liebevoll und gelassen.

Ich gebe mich und mein Leben allvertrauend in Gottes Hand und folge den Weisungen, die mir von innen gegeben werden."

Das innere Licht

Das gläubige JA zur inneren Führung macht uns aufgeschlossen und hellsichtig für das innere Licht und für das Inspiriert- und Erleuchtetwerden von innen her. Wir entsprechen damit der Forderung: „Glaubet an das Licht, dieweil ihr's habt, auf daß ihr des Lichtes Kinder seid!" (Joh. 12,36), und nach außen hin: „Mache dich auf und werde Licht! Gib wohl acht, daß das Licht in dir sich nicht verfinstert." (Luk. 11,35)

Wie wird dies innere Licht erfahren?

Voraus geht ihm ein beseligendes Gefühl der Berührung mit dem Göttlichen. Dann wird ein heller Glanz wahrgenommen, als falle Licht auf die Dinge. Im weiteren wird deutlich, daß dieses Licht nicht von außen, sondern von innen kommt und daß es keine Schatten wirft. Schließlich ist es so, als ob alles, innen wie außen, gleichermaßen zu leuchten, zu strahlen beginnt, als sei das ganze Universum ein einziges unendliches Lichtmeer oder als ob man im Inneren einer Sonne stehe ...

Schon im altindischen *Mahabharatam* wird von diesem Licht-Erleben gesprochen: „Nun künde ich dir jene verborgene selige Einkehr, da in der Mitte deines Wesens das Feuer des eigenen Selbst entzündet wird ...

... Wenn einer alle Wesen mit ruhigem Selbst in seinem eigenen Herzen schaut, dient er sich selbst als Licht und gelangt zum verborgenen Allerhöchsten: er schaut in seinem innersten Selbst das All-Selbst als das Flammende Herz in allen Kreaturen."

Wiederum mögen einige Mystiker zu Worte kommen, und zwar hier wie weiterhin jeweils mit *den* Worten, die den verborgenen *Zug zum JA* in unserer Seele ansprechen und die damit gekoppelten Kräfte und Vermögen aktivieren helfen:

Plotin erlebte das innere Licht mehrmals in seiner ganzen Fülle. Dabei wird, wie er sagt, „der Suchende emporgerissen und auf den Kamm der Woge des Geistes gehoben. Die Allschau überflutet sein Auge mit Licht. Das Geschaute und der Schauende sind eins. Alles ist im Strom der Liebe untergegangen. In diesem Entrücktsein liegt höchste Seligkeit."

Als *Augustin* mit den Augen der Seele das göttliche Licht schaute, war dies Schauen mit unsagbarer Freude, mit dem Genuß des höchsten Guten verbunden: „Du, Gott, bist das innewohnende Licht, das ich immer um Rat fragte; und ich hörte deine Stimme in mir, die mich zurechtwies und mich lehrte, was ich tun und was ich lassen sollte."

Im gleichen Sinne sprach *Dionysius Areopagitu* vom „Eingetauchtsein in den Ozean göttlichen Strahlenglanzes und von der Erleuchtung durch den Abgrund göttlicher Weisheit."

Simeon, der Theologe – richtiger: der Theosoph –, beschrieb das innere Licht als „mir immer gegenwärtig. Es strahlt aus meinem Herzen wie das Licht einer Sonne und durchglutet meinen Körper. Es umfängt mich ganz und gibt sich mir ganz. Von seiner Liebe und Schönheit sättige ich mich. Ich bin erfüllt von der Seligkeit der Gottheit ... Von den sichtbaren Dingen zieht es mich ab und mit den unsichtbaren verbindet es mich, so daß ich in diesem Lichte das Unerschaffene und Unvergängliche schaute ...

... Ich danke dir, Gott, der du mir ein Tag ohne Abend geworden bist, eine Sonne ohne Untergang, der du mit deinem Licht die ganze Welt erfüllst und doch in allem, worin du strahlst, ungeteilt bleibst und zugleich meine innere Sonne bist! Ich weiß, ich bin eins mir dir, ich bin dein Leib geworden. Und ich weiß: ich kann nicht vergehen; denn in meinem Herzen wohnt Gott und wohnt zugleich im Himmel – und hier wie dort sehe ich ihn in gleichem Leuchten."

Die Mystikerin *Mechthild von Magdeburg* sprach in ihren Visionen vom „Fließenden Licht der Gottheit", und ebenso *Hildegard von Bingen*: „das Licht, das ich so oft in meinen Gesichten schaue, das nicht örtlich, sondern überall zugleich ist und heller als die Sonne. Was ich in diesen Gesichten schaue und erfahre, bleibt mir für lange Zeit bewußt und gegenwärtig. Ich sehe und höre zur gleichen Zeit und gebe es wieder, wie ich es erkannt habe ...

„Mein Antlitz war so fröhlich, mein Auge so glücklich, mein Herz jubelte und alle Sinne empfanden die Seligkeit", *berichtet Seuse,* „wenn der Himmel sich mir öffnet und ich das Licht in Klarheit schaue, wenn DER, der über allen Himmeln ist, in mein Herz einkehrt und mir alles offenbart. Sein Licht hebt mich über alles empor. Ich bin in Wahrheit ganz da, wo das göttliche Licht rein und einfach ist."

Ähnlich sprach der holländische Mystiker *Ruysbroeck* von dem „Aufflammen des gottförmigen inneren Lichts, des Wesenslichts, in dem man zur Einung gelangt mit der Wesenheit Gottes, in welcher sich Gott einem unmittelbar mit all seinem Reichtum schenkt."

Der englische Mystiker Richard *Rolle* erlebte das innere Licht anfangs als Liebesglut im Herzen. Er schildert, wie sein Herz „warm wurde und zu brennen begann nicht in der Einbildung, sondern in einem gleichsam sinnlich wahrnehmbaren Feuer." Danach erfüllte ihn die Wonne der inneren Schau, in der sich ihm der Himmel öffnete.

In ähnlicher Weise erlebte *Pascal* im Entrücktsein das innere Licht zwei Stunden lang als ein ‚von Feuer Umfangensein'. – Das Gefühl der flammenden Gegenwart des göttlichen Lichts war so überwältigend, daß ihm die Worte fehlten, diesen Zustand höchster Glückseligkeit zu beschreiben. Er konnte nur stammeln. –

Daß dieses Licht in jedem von uns auf seine Entflammung wartet, betont *Angelus Silesius:*

„Gott wohnt in einem Licht, zu dem die Bahn gebricht. Wer es nicht selber wird, der sieht ihn ewig nicht ...

Du selbst mußt Sonne sein, du mußt mit deinen Strahlen Das farbenlose Meer der ganzen Gottheit malen."

Inspiration und Intuition

Wenn wir bejahen, daß das göttliche Licht immer in uns ist und daß es unser innerstes Selbst ist und uns immerfort leitet, werden uns, wie die Erfahrung der Mystiker lehrt, in der Stille meditativer Selbstbesinnung in wachsendem Maße Erleuchtungen zuteil in Gestalt unmittelbarer *Inspirationen und Intuitionen.*

Sie sind Geschenke der inneren Führung und gehen zumeist mit einer zeitweisen oder fortschreitenden Erhellung des Bewußtseins einher.

Wir sprechen mit Gott im Gebet, und Gott spricht mit uns durch die Inspirationen, die er uns schenkt und deren Strom in dem Maße zunimmt, wie wir sie innerlich aufgeschlossen aufnehmen und befolgen.

Die Mystiker berichten übereinstimmend, wie im Schweigen der Sinne die Göttlichen Eingebungen ihnen in solcher Fülle zufließen, daß sie nur einen Teil davon aufnehmen, behalten, mitteilen oder niederschreiben können. Jakob *Boehme* sprach vom „ewigen Sehen und Hören", von dem er nur Bruchstücke zu künden vermochte. Vielen erging es ähnlich wie *Philon* von Alexandrien, der Plotins Weisheit mit der jüdischen Mystik zu vereinen suchte:

Er schilderte, wie er manchmal, wenn er vor einer Arbeit saß, urplötzlich einen Strom von Ideen in sich aufquellen fühlte, so daß er während dieser Inspirationszeit „von nichts anderem mehr wußte, weder, wo er war, noch, wer er war oder wer bei ihm war, noch, was er sagte oder schrieb." Er empfing die Inspirationen mit einer Klarheit, Unbedingtheit und Kraft, die die Richtung seines Lebens bestimmten.

Wenn Gott die Seele mit seiner Weisheit erleuchtet, sagt Meister *Eckehart,* „werden alle ihre Fähigkeiten befruchtet, und der Mensch weiß dann mehr, als ihm alle Lehrer beibringen könnten." Die Seele hat dann unmittelbaren Anteil am unendlichen Reichtum der göttlichen Weisheit.

Bejahen wir darum mit den Mystikern:
„Ich lebe im Lichte Gottes und bin allezeit bereit, mich von ihm leiten und erleuchten zu lassen.

Ich bin dankbar für jede mich erleuchtende, lenkende, höherweisende und bereichernde Inspiration und Intuition. Möge jede Eingebung, die mir zuteil wird, meine Einsicht mehren, meine Urteilskraft steigern, mein Wollen leiten, damit ich bei allem, was ich erstrebe und schaffe, von göttlicher Weisheit geleitet werde und stets das Beste für alle wirke!"

JA zum Schaffen

Der Mystiker rät uns, uns auch bei unserem täglichen Werk stets von innen her leiten zu lassen. Mystik bedeutet durchaus nicht Abwendung vom tätigen Leben und Hingabe an beschauliches Nichtstun. Vor diesem Irrtum warnt Meister *Eckehart*:

„Da gibt es Leute, die wollen es so weit bringen, daß sie aller Werke ledig seien. Das ist nicht gut. Nach der Zeit, da die Jünger den Heiligen Geist empfangen hatten, fingen sie überhaupt erst an, was Tüchtiges zu schaffen – unter der Führung des Geistes, im Sinne des Apostelworts (Phil. 2,13): ‚Gott ist's, der in euch *beides* wirkt: das Wollen und das Vollbringen'."

Jedes JA zur Inspiration ist auch ein *JA zum Schaffen*, zum lebensmeisternden schöpferischen Wirken. Jedes freudige JA ist ein Tat-Impuls, der unsere Arbeit lichter und leichter macht – und zwar schon am Anfang, der vielen so schwer erscheint. Denn bejahen heißt aufbauen und das psychodynamisch Bemerkenswerte dabei ist, daß der Geist, der den Bejahenden erfüllt, ihm zugleich das Baumaterial zuträgt, das ihm das Vollenden erleichtert.

Wer zu etwas, was andere für unerreichbar halten oder bezweifeln und verneinen, selbstvertrauend und mutig JA sagt, der erreicht damit das Fundament für die erfolgreiche Verwirklichung des Bejahten. Das JA ist die innere Vorwegnahme und Voraus-Bildung des Sieges. Es erfüllt den Menschen mit jener Entschlossenheit, die ihn über Hindernisse hinwegträgt, und weckt in ihm die Kräfte und Gaben, die ihn dazu begaben.

Das bedeutet, daß wir nicht grübelnd und zögernd, zaudernd und zagend die Hände in den Schoß legen, sondern unsere Schaffens- und Verwirklichungskraft bejahend betätigen, also die Dinge tun, die der Erreichung unserer höchsten Ziele dienen.

JA-Sagen ist Tat-Denken. Die Einheit von Gedanke, Wille und Tat ist es, die Ideale in Realitäten transformiert.

Wer solchermaßen das Schaffen bejaht, gibt bewußt sein Bestes - Einerlei, was er tut - und erfährt in wachsendem Maße, daß er als Gebender aus einer Fülle schöpft, die keine Grenzen hat. Denn mit jedem JA zum Werk werden neue Kräfte wach und neue Fähigkeiten. Mit jedem JA zum Schaffen „fesseln wir die jagende Zeit und schmieden den Tag an die Ewigkeit."

Das JA durchlichtet den Alltag, wandelt Fron in Freude und läßt uns im Wirken beglückt den Fortschritt spüren und unser ständiges Größerwerden auf unserem Wege schöpferischer Selbstverwirklichung.

Wir spüren das deshalb, weil unser JA uns in den göttlichen Plan für unsere immer vollkommenere Selbstentfaltung einstimmt und uns befähigt, unseren positiven Beitrag zur Höherentwicklung der Menschheit zu leisten. Dies um so mehr, wenn wir dabei Gottes Gegenwart fühlen, unsere Hand als Gottes Hand bejahen, unsere Kraft als Teil der Allkraft.

Wir betrachten unsere berufliche Arbeit dann nicht mehr als Mühsal und Last, sondern als Gelegenheit zu immer vollkommenerer Selbstverwirklichung. Wir heiligen damit jedes Werk und wandeln es in einen Quell des Segens.

Machen wir uns darum diese Bejahung ebenfalls zur lieben Gewohnheit:

Ich bejahe meine Arbeit als Gelegenheit zur Betätigung und Bewährung meiner Kräfte und Fähigkeiten, zur Entfaltung neuer Vermögen und dazu, Gott und den Menschen zu dienen.

Ich bejahe, daß ich dort, wo ich schaffe, als Teil des Ganzen notwendig und ein Segen bin. Ich folge den Inspirationen, die mir geschenkt werden und die mein Werk immer leichter und erfolgreicher machen.

Ich segne meine Arbeit und erfülle sie mit dem Geist der Freude und des Gelingens!"

Wenn wir so denken und wirken, wandeln sich unsere Inspirationen zunehmend zu *Intuitionen*, das heißt zu blitzartigem unmittelbarem Erfassen und Überschauen einer Sache, Situation oder Wahrheit.

Solche Intuitionen sind von der Gewißheit der Richtigkeit der Einsicht und von einer unerschütterlichen inneren Sicherheit begleitet. Sie sind nicht Ergebnis bewußter oder unbewußter Schlußfolgerungen, sondern Früchte umfassender überbewußter Wesens- und Wirklichkeitsschau, Vorstufen der Erleuchtung, von der später zu sprechen ist.

Solche Intuitionen lassen sich jedoch nicht durch äußere Mittel und Methoden herbeiführen. Sie sind Geschenke der inneren Führung, die sich auf dem Wege nach innen von selbst – vom Selbst her – einstellen.

Alle Mystiker sind in diesem Sinne ‚Intuitionisten‘, und das Bewundernswerte ist die Übereinstimmung ihrer Erkenntnisse und Wegweisungen in allem Wesentlichen, auch in der positiven Feststellung, daß im Grunde *jeder Mensch die Gabe der Intuition besitzt,* in der Subjekt und Objekt des Erkennens nicht zwei sind, die sich gegenüberstehen, sondern eins.

So gesehen, entspricht die Intuition dem, was Plotin die göttliche ‚*theoria*‘ nannte, das heißt die Schau der inner- und überweltlichen Wirlichkeit, die unmittelbare Teilhabe an der göttlichen Weisheit.

Christus in uns

Die höchste Intuition ist das Innewerden der Wahrheit, daß der Spender aller Inspirationen und Intuitionen das göttliche Selbst ist, das die christlichen Mystiker seit Paulus den *„Christus in uns"* nennen und das im übrigen schon dreizehn Jahrhunderte *vor* Christus als ‚Träger der Gottessohnschaft' geahnt und erlebt wurde.

So sprach nach einer Hieroglyphen-Inschrift, auf die Mereschkowskij in seinem „Messias" Bezug nahm, der altägyptische König und religiöse Reformator *Echnaton* von seinem innersten Selbst als dem ‚Sohn Gottes':

„Als du, Gott, die Grundlage der Erde legtest, eröffnetest du mir deinen Willen – mir, deinem Sohne, dem ewig Seienden ... Du, Vater, bist in meinem Herzen und es kennt dich keiner; nur ich kenne dich, dein Sohn."

Diese Weisheit ist universale Erkenntnis aller Mystiker:

Es gibt nur einen Geist: Gott. Er ist in uns individualisiert als unser Selbst, als Christus-Geist, als ‚Gottes-Sohn'. Durch ihn sind wir mit Gott eins, Same des Einsamen, Träger göttlicher Kraft, Weisheit und Fülle.

Die abendländischen Mystiker bejahen: Christus in uns ist der Gottesfunke im Seelengrund, der innerste unvergängliche Wesenskern jedes Menschen. *Er ist das Große JA, das Gott zu uns spricht.* Er ist es, von dem *Paulus* (Gal. 2,20) kündete: „Ich lebe, doch nun nicht ich, sondern Christus lebt in mir."

Ähnlich sprach *Johannes* (1, 4, 4) vom Christus, „der in euch ist und der größer ist, als der in der Welt ist."

Wiederholt sprach *Paulus* (Kol. 1, 27 f.) von dem großen Geheimnis, „welches ist *Christus in euch,* der da ist die Hoffnung der Herrlichkeit, den wir verkünden allen Menschen mit aller Weisheit, auf daß wir darstellen einen jeglichen Menschen vollkommen in Christo" – und weiter (Kol. 2,9,10): „In ihm wohnt die ganze Fülle Gottes lebendig, und ihr seid vollkommen in ihm" – das heißt: dadurch, daß er in euch wohnt –, und schließlich (1. Kor. 12,27) „Ihr seid der Leib Christi."

Der historische *Jesus* ist unser Bruder, sagen die Mystiker: in ihm wurde *Christus* lebendig und zum Offenbarer der göttlichen Kraft und Weisheit. Gleicher Reichtum entfaltet sich in jedem Menschen, der seiner Gottes-Sohnschaft bewußt wird.

Der Heilige *Augustin* umriß dieses Hohe Ziel jedes Christen mit aller Klarheit: „Non christiani, sed Christi sumus": Nicht Christen sind wir, sondern Christus oder sollten es wenigstens werden.

Im gleichen Sinne schrieb Jakob *Boehme*: „Der Glaube an den historischen Jesus ist bloß ein Fünklein des Feuers, das erst *in uns* entzündet werden muß. Keiner ist ein Christ – Christus lebe und wirke denn in ihm! Nur wer Christum in sich weiß, ist ein wahrer Christ und lebt in seiner Auferstehung ... Will ich Erlösung finden, muß ich Christum in mir erreichen. Soll meine Schwäche schwinden, muß sie durch Christum in mir überwunden werden. Ein wahrer Christ hat keine Konfession, sondern nur eine Wissenschaft: die ist Christus in ihm ...

... Der Heilige hat seine Kirche an allen Orten bei sich und in sich. Er steht und sitzt allezeit im Tempel Christi.

Der Heilige Geist predigt ihm aus allen Kreaturen. Sein Herz ist die wahre Kirche. Wenn ich tausend Jahre in steinerne Kirchen gehe und Christum nicht in mir habe, ist alles unnützer Tand. Der wahre Glaube ist: ein Geist mit Gott durch den Christus in uns."

Ähnlich nannte schon Meister *Eckehart* den innersten Seelenkern den „in uns lebenden Christus", um die Göttlichkeit der Seele zu betonen: „Gott schuf die Seele so sehr nach seinem Ebenbilde, daß nichts im Himmel und auf Erden ihm so ähnlich ist ... Darum gibt es zwischen Mensch und Gott keine Trennung, sondern Einheit. Jeder Mensch ist ewig in der Gottheit gewesen wie Christus."

Sein Schüler *Seuse* fügt hinzu: „Wenn ein Mensch ein Mensch in Christo geworden und seinem Ich entworden ist, dem ist recht", und gleichermaßen *Angelus Silesius*:

„Der wahre Gottes-Sohn ist Christus nur allein, doch muß ein jeder Mensch der selbe Christus sein. Der höchste Gottesdienst ist, Gotte gleich zu werden, Christförmig sein an Lieb', an Leben und Gebärden."

Was Christus in uns spricht, ist Gottes Wort, sagt Sebastian *Franck*. Was Gott will, ist durch Christus in uns auch unser Wollen: „in ihm hat Gott in jedem Menschen ein Bild seiner selbst geschaffen, ein unvergängliches Licht. Durch Christus in uns sind wir Gottes fähig, sind wir göttlicher Art. Der göttliche Schatz ruht im Acker unserer Seele, und wer in sich selbst einkehrt, der findet ihn."

Gleichermaßen der *Frankfurter*: „Christus ist nicht, weil er außer uns ist und von ferne angebetet wird. Er muß *in uns* geboren werden. Der geschichtliche Jesus nützt uns nichts; nur, was in uns ist, gereicht uns zum Heil. Wir müssen mit dem Christus in uns eins werden, wenn er uns vergeistigen und zu sich ziehen soll. Nichts Äußeres kann uns selig machen, das Heil kommt von innen."

Ebenso unmißverständlich drückte sich Valentin *Weigel* aus: „Die Geburt Jesu in der Zeit macht uns nicht selig, sondern allein seine Geburt *in uns*. Wir müssen in ihm, mit ihm und durch ihn zu neuen Menschen werden, aus Gott selber geboren, als wahrhafte Kinder Gottes. Wir müssen Christum in uns haben, denn nur insoweit sind und bleiben wir in Gott und Gott in uns. Gott ist uns Wohnung und Himmel, wir sind ihm Wohnung und Himmel – durch Christus in uns, wie Christus sagte: ‚An jenem Tage werdet ihr erkennen, daß ihr in mir seid und ich in euch bin'. ...

... In der Sinnenwelt ist der Ort etwas anderes als das, was in ihm ist. Beide sind unvereinbar. Ich bin im Garten, aber der Garten ist nicht in mir ... Anders in der geistigen Welt. Dort ist Gleichheit, dort ist eines im anderen: ich bin im Reiche Gottes, und das Reich Gottes ist in mir. Ich bin in Christo, und Christus ist in mir. Ich bin in Gott, und Gott ist in mir. Also sagt Christus: ‚Ich bin im Vater, und der Vater ist in mir. Ich und der Vater sind eins'."

*

Was wir aus diesen und vielen gleichen Zeugnissen anderer Mystiker lernen, ist dies:

Christus in uns brauchen wir nicht zu suchen, er sucht uns, er steht vor der Tür unsres Herzens und wartet, daß wir sie ihm, daß wir uns ihm öffnen. Denn obwohl Christus in uns ist, sind wir uns seiner Gegenwart selten bewußt. Daher das Gefühl unseres Einsam- und Verlassenseins.

Wir selbst haben Christus in uns gefesselt, gekreuzigt und begraben durch unsere Ichhaftigkeit, unser Gieren und Hangen am Vergänglichen. Wir haben den Gottesfunken in unserer Seele eingemauert wie in einer Gruft, aus der er sich dennoch sieghaft erheben wird, wenn seine Stunde gekommen ist, wenn wir für die ‚Wiederkunft Christi‘ in uns reif und bereit sind ...

Damit das geschehe, sollten wir immer wieder bejahen:

„Das Bewußtsein und Gewißsein der immerwährenden Gegenwart Christi in mir erfüllt mein Herz mit Freude und Dankbarkeit und mit dem Vertrauen auf seine Verheißung: ‚Sorge dich nicht, ich bin bei dir alle Tage‘.

Christus in mir ebnet meinen Weg zum Licht und zur Vollendung, der mitten durch den Alltag führt. Durch ihn ist mein Denken, Wirken und Sein gesegnet, so daß sich alles zum Guten wendet. Er macht mir mein Geführt- und Geborgensein bewußt.

Christus in mir durchstrahlt und erleuchtet mich und erfüllt mich mit neuem Leben. Die Liebe Christi erneuert und heilt mich. Sie befähigt mich, das Gute zu empfangen und weiterzugeben.

Mit ihm vereint, lebe ich allezeit im Jetzt. Durch ihn habe ich jederzeit Zutritt zur Fülle des Reiches Gottes. Durch ihn bin ich mit Welt und Leben in Frieden und frei!"

Der Hingabe an den Christus in uns entspricht die gleiche Hingabe an den göttlichen Geist in den großen Kündern der *anderen Religionen,* deren Namen ja auf Den hinweisen, der in allen Wesen der Gleiche ist.

Jede Religion ist die frohe Botschaft eines Erleuchteten, durch die der Gott in ihm vom Göttlichen in jedem Wesen kündet.

So kann der Buddhist in gleicher Weise vom *inneren Buddha* sprechen, von dem der geschichtliche Gautama Buddha nur eine Inkarnation unter vielen war, ebenso der Hindu vom ‚*inneren Krishna*' als dem göttlichen Funken in seiner Seele, und gleichermaßen der Taoist vom ‚*inneren TAO*' als einem Strahl des metakosmischen TAO oder Absoluten.

Wir sind alle gleichermaßen göttlichen Wesens, darum ist unser JA zum Erlöser ein JA zum göttlichen Selbst. Darum konnte der große Vedantist *Vivekananda*, der die Gemeinsamkeit der Frohbotschaft aller Religionen erkannte, sagen:

„Fühlt und handelt wie Christus, und ihr werdet Christus sein. Fühlt und handelt wie Buddha, und ihr werdet Buddha sein. Die wahre *religio* ist in allen Religionen die selbe, denn ‚religio' bedeutet Realisation: nicht Lehre, Theorie, sondern Sein und Werden, Verwirklichung der Gottunmittelbarkeit."

Religio

Wer Christus in sich gefunden hat, weiß, was wahre religio bedeutet: daß sie das Bindeglied ist zur väterlich-mütterlichen Gottheit, die Verwirklichung des Wiedereinsseins mit dem Einen.

Religio meint nicht irgendeine Religion oder Konfession, sondern *Religion an sich*, den gemeinsamen Kern aller Religionen, aller Glaubensformen. Jede Religion ist ein Meilenstein auf dem Gottentfaltungswege der Menschen und der Menschheit.

Religio ist nichts Vergangenes, Erstarrtes, Formgewordenes, sondern ein schöpferisch-lebendiges, ewig fortschreitendes Erleben der unmittelbaren Gegenwart des Göttlichen. Sie ist Religion der Innerlichkeit, der Menschlichkeit. Darum heißt es:

Das Herz aller Religionen ist die Religion des Herzens. Sie ist, mit einem Dichterwort, „die Musik des Unendlichen im Echo des Menschenherzens" und darum etwas, was jeden von uns unmittelbar angeht und was zugleich uns alle eint.

Ein indischer Mystiker nannte die Religion das Bewußtsein, daß der Mensch in Gott lebt wie der Fisch im Wasser. Gleich ihm leben wir alle, leben alle Wesen im All-Ozean des Absoluten, in dem jeder von uns eine Selbstoffenbarung der Gottheit ist. Um sich dessen bewußt zu werden, brauchen wir nur mit *Dionysius,* dem Areopagiten, „das Göttliche anzuschauen, indem wir ganz aus uns herausgehen und ganz in das göttliche Wesen eingehen." Dann erleben wir die religio: das Wiederverbunden- und Wiedereinssein mit dem EINEN. Wir leben dann in Gott, und Gott lebt und wirkt in uns und durch uns.

Das meint *Eckeharts* Wort: „Gott muß Ich werden und ich Gott. In der Seele ist das göttliche Wesen ganz Mensch. Wohlan, edle Seele, erkenne dich selbst! Bedenke, welche Herrlichkeit du in dir trägst! Bist du doch mit deiner Gottebenbildlichkeit über alle Kreatürlichkeit hinaus gewürdigt und erhöht."

Ihm sekundiert Jakob *Boehme:* „Sind wir mit uns selber eins, so sind wir Götter in Gott. Was wir dann tun, das wirkt Gott in uns und durch uns."

JA zum Guten und Schönen

*„Gott ist ja nichts als gut. Verdammnis, Not und Pein
und was man böse nennt, kann, Mensch, nur in dir sein."*
Angelus Silesius

Aus dem Innewerden der inneren Führung durch das göttliche Selbst erwächst das nächste Große JA: das *JA zum Guten.und Schönen.*

Auch hier sind die Mystiker die großen Wegbereiter, Vorausgänger und Höhenweiser. Sie erlebten das Gute und Wahre, als Licht, Liebe und Leben, als immer neue Offenbarung des Göttlichen. Und sie machen uns bewußt, daß im gleichen Maße, in dem wir erkennen und bekennen: *Alles ist gut!*, das für die meisten noch verborgene Gute in allem Werden beglückend sichtbar wird.

Schon in den *Upanishaden* wird das Brahman, die Gottheit, das „Meer der Wonne und der Urquell aller Seligkeit" genannt. Gleiches kündete *Zarathustra:* „Alles, was lebt, sehnt sich nach dir, Du Geist des Guten. Mache uns deiner würdig hier und für immer! Denn nur im Guten ist Friede, Freude und Erfüllung."

Zur gleichen Zeit lehrte *Pythagoras*, daß das Gute den Menschen mit der Gottheit verbindet, weil Gott selbst das Gute ist. Von daher rührt es, daß wir von Natur aus dazu neigen, das Gute zu erwarten und uns ihm zuzuwenden. So sah es auch *Platon:* „Gott ist gut, weise und schön. So oft ein Mensch ein irdisch Schönes erblickt, erinnert sich seine Seele der wahren Schönheit. Es wachsen ihm Flügel und er möchte emporfliegen zu ihr."

Noch bewußter nannte *Plotin* das Höchste, Erhabenste, Heiligste den Unendlichen Geist des Guten, dem wir Menschen wesensverwandt und ebenbürtig sind. Wo immer wir zum Guten und Schönen JA sagen, sagen wir JA zu Gott als dem Urquell alles Guten und Schönen.

Wenn wir die Welt mit den Augen Gottes zu sehen lernen, werden wir durch die Fülle des Guten und Schönen beglückt. Eine Blüte wird uns zur Offenbarung göttlicher Schönheit, ebenso ein Sonnenaufgang, der Gesang eines Vogels, die Freude eines Kindes, die Seligkeit einer Mutter. „Die Schönheit jedes Dinges oder Wesens besteht darin, daß die ihm innewohnende Vollkommenheit in Erscheinung tritt", wie der islamische Mystiker *Al Ghazali* sagt.

Ihm sekundiert der Zen-Lehrer *Suzuki:* „Die Bewunderung des Guten und Schönen ist ein tief religiöses Gefühl. Niemand kann echte Schönheit entdecken und genießen, der nicht religiös ist. Jedes JA zum Guten und Schönen ist ein JA zum innewohnenden Göttlichen."

Für alle Wesen, schrieb *Dionysius,* „ist das Gute und Schöne ein Gegenstand der Sehnsucht, der Liebe und des Erstrebens. Durch das selbe und um seinetwillen wenden sich die Tieferstehenden dem Höheren zu, lieben die Wesen die auf der gleichen Stufe stehenden, lieben die Höheren fürsorgend die Niedrigeren und lieben alle das göttliche Selbst"

Der daraus erfließenden Folgerung und Forderung gab Meister *Eckehart* Ausdruck: „Das JA zum Guten heißt JA zum Gutsein und Gutestun. Wir sollen gut sein um Gottes willen, also darauf achten, daß der Beweggrund unserer Werke Gott zugekehrt ist und so unser Werk geheiligt wird."

In einem Gleichnis ließ Meister Eckehart diese Wahrheit durch einen Armen aussprechen, der vor der Kirche saß und der, als ein Gelehrter ihm einen guten Morgen wünschte, antwortete: „Ich hatte noch nie einen bösen Morgen."

... Als der Gelehrte ihm weiter wünschte, daß Gott ihm Glück gebe, erwiderte dieser: „Ich hatte nie Unglück. Ich lebe mit Gott und darum mit allem Guten; alles, was geschah, war das Beste, das ich dankbar und freudig entgegennahm."

... Der Gelehrte fragte ihn daraufhin: „Wo kommst du her?" Der Arme anwortete: „Von Gott."

„Was bist du für ein Mensch?" – „Ich bin ein König."

„Und wo ist dein Reich?" – „Es ist in meiner Seele, denn ich kann meine Kräfte, Sinne und Begierden so regieren, daß sie der Seele untertan sind."

„Was hat dich zu dieser Vollkommenheit geführt?" „Mein Stilleschweigen, meine Hingabe und die Einung mit Gott. Mir genügte nichts, was geringer war als Gott. So habe ich Gott gefunden und mit ihm alles Gute und Schöne und allen Frieden und alle Freude der Welt."

So war der Arme der wirklich Reiche. Zu diesem unverlierbaren inneren Reichtum führen uns die Mystiker. Gott, sagen sie, ist das grenzenlos Gute, das keine Beschränkungen und Ausnahmen kennt. Jedes JA zu diesem Guten bewirkt unser lebendigeres Wachwerden für das Gute, dem das Empfangen folgt. Es ist das Gewißsein, daß alle Dinge im Leben, mögen sie aussehen, wie sie wollen, zum Guten wirken.

Unser Glaube an das Gute macht uns dafür aufgeschlossen und empfangswürdig. Wir erleben dann die Wahrheit des Apostelworts (Röm. 8,28), daß „denen, die Gott lieben, alle Dinge zum Besten dienen", und bewahrheiten das andere Wort, daß „ein guter Mensch Gutes hervorbringt aus dem guten Schatz seines Herzens."

Darum konnte Sebastian *Franck* sagen: „Alles, was da ist, ist gut und von Gott selbst, seinem Wesen nach. Das Wesen aller Dinge ist Gott, darum ist es gut", während Hans *Denck* Sünde und Not als Folgen des Mißbrauchs der Freiheit des Menschen wertet: „Gott ist gänzlich gut und wirkt nur Gutes. Alle Übel und Mängel in der Menschenwelt sind durch unsere, der Menschheit schlechte Wahl und Absichten entstanden. Der kreatürliche Wille sagt Nein und löst sich von Gottes Einheit und damit vom Guten" und zerspaltet sich in die Vielheit, wozu Jakob *Boehme* anfügt: „Aber alles Sein strebt nach dem JA der Einheit."

*

Wie jedes ängstlich abwehrende *Nein* ein Hinblicken und Hinsteuern des Ich auf Unerwünschtes, Widriges, Leidiges ist, so ist jedes *JA* ein Hinzielen und Hinbewegen auf das Bessere und Schönere, Erfreuliche, Beglückende, Fördernde, weil es positive Verwirklichungskräfte mobilisiert und die Zielerreichung erleichtert.

JA zu allem Guten und Schönen heißt auch JA zu dem, was sonst als unangenehm, lästig, negativ empfunden wird, beispielsweise zum Wetter. Wenn der Regen von heute für uns nach einem Monat bedeutungslos geworden ist, ist er es im Grunde schon jetzt und sollte uns darum gelassen lassen und bereit, sonnig-heiteren Herzens das zu tun, was *jetzt* Positives getan werden kann.

Die Schöpferkraft der Bejahung offenbart sich ja eben darin, daß durch das Denken und Tun des Guten noch vorhandenes weniger Gutes zum Absterben gebracht wird und von selbst aus unserem Lebenskreis verschwindet.

Emerson sagt mit Recht, „daß es das Größte ist, von der Welt nur Gutes zu glauben, zu erhoffen und zu erwarten; denn wer das tut, der verläßt die Welt der Wirkungen und Erfahrungen, wendet sich zur Welt der Ursachen und *schafft* von dorther die Welt, in der er lebt."

Den meisten erscheint das schwer, weil sie nur begrenzte Vorstellungen von der Fülle des Guten haben. Diesen begrenzten Vorstellungen entsprechend empfangen sie nur wenig vom Reichtum des Lebens. Darum gilt es, unsere Vorstellungen vom Guten zu erweitern und nichts für unmöglich und unerreichbar zu halten, sondern immer das optimale Höchste zu bejahen, zu erwarten und mutig anzusteuern.

Die Fülle des Göttlich-Guten gleicht dem Meer, aus dem wir so viel schöpfen können, wie wir wollen. Wer sich nur wenig zutraut, nur die Hände oder einen Becher zum Schöpfen verwendet, wird wenig gewinnen. Je größer das Gefäß des

Glaubens und Vertrauens ist, desto größer wird der Reichtum, den wir aus der Allfülle schöpfen.

Bejahen wir darum mit aller Gläubigkeit unseres Herzens:

„Wir glauben an den Unendlichen Geist des Guten, der uns auf ständiges Wachstum, Größer- und Reicherwerden angelegt hat und bewirkt, daß alles, was kommt, unserem Besten dient und alles Widrige sich in Segen verwandelt."

Wer solchermaßen sein Berufen- und Empfänglichsein für das Gute und Schöne in Gedanken, Worten und Taten bejaht, der beschleunigt seinen Fortschritt und entwickelt sich zum Gewinner im Spiel des Lebens.

Was Unity lehrt

Wir sahen, daß Ralph Waldo *Emerson* als einer der großen Pioniere neuen Denkens ebenso wie der amerikanische Lebenslehrer Prentice *Mulford* in Gott den Unendlichen Geist des Guten sehen. Gleiches gilt von Ralph Waldo *Trine* und Orison Swett *Marden*.[3]

Sie lehren das dynamische JA als Ausdruck des Gewißseins, daß wir, wenn wir das Gute als unser eigen bejahen, uns dadurch magnetisch machen für alles, was uns stärker, größer, reicher, glücklicher macht.

Zugleich entfalten wir damit die Kräfte des Guten für unsere Umwelt und für die Wesen um uns.

In gleicher Weise lehrt die universale Einheits-Bewegung, *Unity*, den Glauben an das Gute als das allein Wirkliche. Ihr Begründer, Charles *Fillmore*, sagt:

---

[3] Siehe das Emerson-Brevier, „Prentice Mulford: Einer, der es wagt!" und das Marden-Brevier: „Wer denkt er kann, der kann!" (alle Frick Verlag, Pforzheim)

„Die größte Entdeckung, die der Mensch bisher gemacht hat, ist die der Schöpferkraft seiner Gedanken und seines Glaubens, die Feststellung, daß alle Lebensbedingungen Resultate seines Denkens sind. Die Entdeckung der Macht der Suggestion ist nur ein kleiner Teil dieser Erkenntnis. Wenn die Wahrheit, daß jeder Gedanke die ihm entsprechende Wirklichkeit schafft, einmal voll erkannt und befolgt wird, wird sich die größte Revolution aller Zeiten in der geistigen und moralischen Welt vollziehen und ein universales Erwachen wahren Menschentums anheben – ein Erwachen zu der befreienden Gewißheit, daß Gott, der Geist des Guten, in allem Geschehen am Werke ist ...

... Jesus lehrte, daß Gott das Allgute ist. Darum sind alle seine Schöpfungen gut. Das Böse ist nur Folge unweisen Gebrauchs der Denkkraft und des Guten, das Gott geschaffen hat. Es ist ein Abweichen von der Einheit, Verhüllung des Guten und darum Mißklang statt Wohlklang, Disharmonie statt Harmonie. Es hat keine Wirklichkeit an sich und muß letzten Endes immer als Mittel zum Guten dienen. Wir nennen ja auch die elektrische Kraft nicht böse, wenn ihr falscher Gebrauch Unheil schafft.

... Wenn Gott nur Gutes geschaffen hat, ist *auch der Mensch gut* ... Um das zu erkennen und zu erfahren, gilt es das beständige JA zum Guten im Menschen, zum Göttlichen in uns allen. Wenn das zur allgemeinen Gewohnheit würde, würde sich das Gesicht der Welt von Grund auf wandeln ...

... Wie das Licht die Dunkelheit verschwinden läßt, so der beharrliche Blick auf das Gute das Böse. Wenn wir richtig denken, wird zuerst unser Bewußtsein und im weiteren unser Leben eine Wirkstatt des Guten. Wo immer wir das Gute in den Umständen, den Dingen, den Wesen sehen, rufen wir es hervor. Das ist ein Lebensgesetz."

Folgen wir darum Christi Ruf (Matth. 25, 34): „Kommet her, ihr Gesegneten meines Vaters, und ererbt das Reich, das euch bereitet ist von Anbeginn der Welt". Und erleben wir die Wahrheit der Verheißung (Jak. 1, 17): „Alle gute Gabe Gottes und alle vollkommene Gabe kommt von oben herab, vom Vater des Lichts", und die weitere (1. Tim. 4, 4) „Alle Kreatur Gottes ist gut".

Alsdann folgen wir dankbar und willig dem göttlichen Gebot (1. Thess. 5, 18): „Allezeit jaget dem Guten nach", und dem Rat des Psalmisten (32, 10): „Wer auf den Herrn hofft, den wird die Güte – alles Gute – umfangen".

Das Gute bejahend und dafür aufgeschlossen, werden wir anziehend und empfangsbereit für alles Gute und Schöne in Leben und Welt. Und auch die Veränderungen, Schwierigkeiten und Nöte dienen dann sichtlich unserem Besten. Sie wecken neue Kräfte in uns und machen uns fähiger, alles zu meistern.

Bejahen wir darum ebenso gläubig wie beharrlich:

„Als Bejaher des Guten sehe ich die Welt mit neuen Augen: mit Gottes Augen. Darum erblicke ich dankbaren Herzens in allem das Gute, das Vollkommenere, die Offenbarung göttlicher Liebe und Güte.

Mein JA macht mich zu einem Magneten, der alles Gute herbeizieht. Ich weiß mich dazu berufen und bestimmt, gut und glücklich, gesund und erfolgreich zu leben.

Im Bewußtsein meines Einsseins mit dem Unendlichen Geist des Guten bin ich gegenüber allem, was lebt, gütig und gerecht, langmütig und geduldig, liebevoll und hilfsbereit. Ich segne alle Wesen und wünsche ihnen die gleiche Teilhabe an der Fülle des Guten. Möge ihnen wie mir das Gute ständig zuströmen in Gestalt neuer Gedanken, Inspirationen, Intuitionen, glücklicher Umstände und Hilfen.

Friede und Liebe allen Wesen!"

Freude

Jedes JA zum Guten erfüllt das Herz mit größerer Freudigkeit. Mit Recht lautet die häufigste Forderung der Bibel: *Freuet euch!* Erkennt, daß ihr zur Freude berufen, zum Glücklichsein geboren, zu ständigem Fortschritt bestimmt seid! Werdet euch bewußt, daß eure Freude nicht von äußeren Dingen und Umständen abhängt, sondern von eurer inneren Haltung: von eurem freudigen JA!

Gleiches besagt das buddhistische Evangelium:

„Freuet euch ob der guten Botschaft: Buddha, unser Herr, hat die Wurzel aller Übel gefunden und uns den Weg des Heils gewiesen. Er bringt Trost den Müden und Sorgebeladenen, verleiht Frieden den Bedrängten und Mut den Schwachen. Er erlöst von den Schrecken des Todes. Blickt auf zum Licht, die ihr noch in der Finsternis wohnt! Wisset, daß jenseits der Vergänglichkeit Unvergänglichkeit verborgen liegt. Laßt Buddha in euren Herzen wohnen".

Gleichermaßen rufen alle Erleuchteten uns zu: Gewöhnt euch daran, immer mehr an allem das Lichte, Freundliche, Freudeweckende, Göttliche zu sehen und JA-Sagende zu sein. Dann erlebt ihr, wie oft ein einziges JA die leidigen Folgen vieler Nein aufhebt.

Denn während jede Verneinung Hemmungen, Hindernisse und Selbstschädigungen auslöst, macht euch jedes bewußte JA zu Freude-Sendern und Freude-Spendern, zu denen beglückende Gedanken und Kräfte zurückstrahlen, die das gemeinsame Dasein verfreundlichen, durchlichten, durchgotten.

Gleiches vernehmen wir von den Mystikern: wo immer sie sich zur Lebensbejahung bekennen, geben sie der *Freude* darüber Ausdruck, daß wir Menschen als Kinder des Ewigen auch unser irdisches Dasein immer vollkommener zu gestalten vermögen.

So schrieb der Kirchenlehrer und Mystiker *Augustin* im Jahre 386 sein Buch „Vom seligen Leben", demzufolge „die Glückseligkeit des Menschen letztlich in der Freude über den Gottesbesitz besteht".

Ähnlich sprach *Seuse:* „Wann ist die Lust größer, als wenn ich mich als das *Eine,* das ich sein soll, finde und als das *All,* das ich sein soll? Im Grunde ist nichts beseligender als die Übereinstimmung mit dem innersten Grunde unserer göttlichen Natur ... *Gott will uns nicht der Lust berauben, er will uns Lust zur Allheit machen".*

Wie andere Mystiker betonte Valentin *Weigel,* daß es „unmöglich sei, daß man in Unlust und Untrost, Bitterkeit oder Traurigkeit des Gemüts verfalle, wenn man sich der Freude der Gott-Einheit hingibt".

Die Seligkeit hebt, nach Hans *Denck,* „oft gerade dann an, wenn wir im tiefsten Leid sind. Alsdann bricht, wenn wir uns allvertrauend nach innen wenden, jäh die Morgenröte herein und der so Begnadete bekennt mit Freude: Nun ich erkenne, daß du, Gott, es wunderbar gut mit mir meinst, wird mein Herz ganz rein und froh ob deiner Güte und Liebe".

Und *Vivekananda* ergänzt: „Die wahre Freude und Seins-Bewußtseins-Seligkeit (sat-chit-ananda) ist keine Eigenschaft der Seele, sondern ihr eigentliches Wesen".

Darum können wir von ganzem Herzen bejahen:

„Ich weiß, daß meine Freude nicht von äußeren Umständen, von anderen Wesen abhängt. Sie ist Ausdruck meines innersten Wesens und wirkt von dorther segenbringend bis in den Körper hinein und in die Umwelt hinaus. Sie überträgt sich auf die Wesen um mich herum.

Ich begrüße jeden neuen Tag mit Freude und erfülle mit ihr mein Denken und Tun. Ich lebe freudigen Herzens in der immerwährenden Gegenwart, die Gegenwart Gottes ist, und damit im Geiste der Einheit und der Freiheit der Kinder Gottes.

Es macht mir Freude, mich in meiner Arbeit, in meinem Beruf zu bewähren, zu entfalten, zu verwirklichen." [4]

Wer um das Wesen und die Heilkraft der Freude weiß, steht dem Leben als *Optimist* gegenüber. Damit ist nicht jener gedankenlose oberflächliche Pseudo-Optimismus gemeint, der jede Verinnerlichung blockiert, sondern der echte *metaphysische Optimismus*, der die Vertiefung, Verwesentlichung, Vergeistigung unserer selbst und unseres Lebens fördert und beschleunigt.

Dieser Optimismus, der zur Freude am Leben JA sagt, übersieht durchaus nicht die vom Menschen selbst geschaffenen Schattenseiten des Daseins. Doch sieht er in den Schatten Hinweise auf das von ihnen verhüllte Licht, dessen Gegenwart sie beweisen, von dessen Existenz sie leben und dessen Kommen sie nicht verhindern können.

Der Optimist glaubt nicht nur, daß sein Weg bei allem Auf und Ab des Daseins letztlich immer licht- und gottwärts führt, sondern er trägt durch sein positives Denken und Verhalten und sein konstruktives Tun bewußt dazu bei.

Wer solchermaßen alles bejaht, was ihm begegnet, dem begegnet zunehmend das, was seinem Wesen gemäß und seinem Wohl und Fortschritt dienlich ist. Diese Erfahrung ist es, die den Optimisten von Welt und Leben stets das Beste erwarten läßt – im Gewißsein, daß er eben dadurch das herbeizieht, was er erwartet ...

Jedes JA zum Optimismus erhöht das Potential unseres Wesenskraftfeldes und erweist sich als Auslöser schicksalhafter Kettenreaktionen, die im Endergebnis zur Umstellung der Umstände und zum Wohlverhalten auch widriger Verhältnisse füh-

---

[4] Weitere Anleitungen zu freudevoller Lebensgestaltung, zur Erkenntnis des Wesens der Freude, zur Erschließung der Quellen der Freude, zum Genießen der Weisheit der Freude und zum Erleben der Erlöserkraft der Freude gibt das Lebensbuch „Magie der Freude" (Frick Verlag, Pforzheim).

ren. Das vollzieht sich naturgesetzmäßig, weil der Optimist als sonnenhaft Strahlender und Gebender immer der Stärkere ist.

Der größte Optimit war *Jesus.* Er wußte, daß der Geist mächtiger ist als die Materie und daß das Reich Gottes im Herzen jedes Menschen gegenwärtig ist. Indem er das Wirkliche hinter dem Anschein bejahte, brachte er es zur Auswirkung.

Lassen wir dazu statt eines Mystikers ausnahmsweise einen Philosophen sprechen, Friedrich *Nietzsche,* der sich in der Sternstunde seines Lebens zu einem dynamischen Optimismus bekannte:

„Dieses letzte, freudigste, überschwängliche JA zum Leben ist nicht nur die höchste Einsicht, es ist auch die tiefste, die von Wahrheit und Wissenschaft am strengsten bestätigte und aufrechterhaltene. Dies zu begreifen, erfordert Mut, und als dessen Bedingung, einen Überschuß an Kraft: denn genau so weit, als der Mut sich vorwärts wagt, genau nach dem Maß von Kraft nähert man sich der Wahrheit …

Diese Erkenntnis, dieses JA-Sagen zur Realität, zum Leben nenne ich dionysisch, wie ich instinktiv alles in den neuen Geist, den ich in mir trage, übersetze und transfiguriere."

Dieses JA zum Optimismus bewirkt, daß man auch angesichts von Schwierigkeiten und Gefahren jene gelassene Heiterkeit der Seele bewahrt, die der Schwerkraft der Erde entgegenwirkt und den Sieg des Lichts über Nacht und Not verbürgt.

Denn dieses siegfrohe JA weckt die Macht des Guten auch im Feindlich-Bösen und macht offenbar, daß dort, wo es wirkt, die Sonnenseite des Lebens ist – das Reich des Lebens, in dem die Sonne nie untergeht.

JA zu Glück und Erfolg

Wenn von *Glück* die Rede ist, ist damit nicht das gelegentliche *Glückhaben* gemeint, sondern das *Glücklichsein* als Eigenschaft und Eigentum der Seele. Glück ist kein äußerer Umstand, sondern ein innerer Zustand, keine Frucht des Ersinnens, sondern der Gesinntheit.

Das *JA zum Glück* ist gierfrei und gelassen. Es ist getragen von einer selbstverständlichen Zuversicht, vom Vertrauen auf den Geist des Guten. Es ist ein JA zum Erfolg als Folge des Wirkens der göttlichen Kraft in uns, für die die äußeren Umstände nur Rohstoff sind.

Eben darum bewirkt unser JA zu Glück und Erfolg jene positiven Psycho-Schaltungen, die das Gelingen verbürgen. Solange wir Nein sagen, überwiegt die Summe der negativen Reaktionen und Erfahrungen die der erfreulichen, während der JA-Sagende zunehmend beglückende und erfolgträchtige Dinge und Bedingungen auslöst oder herbeizieht.

Daran ist nichts Erstaunliches und Unverständliches: denn was wir bejahen, das gleichen wir *uns* an, statt uns ihm anzugleichen und unterzuordnen. Auch wer Glück und Vorankommen bejaht, *als ob* sie bereits da seien, macht sich dafür magnetisch und empfänglich. Wer gar *bewußt JA sagt,* wie es hier angeraten wird, der besitzt damit den Universalschlüssel zum Glücklichsein und Glücklichmachen. Zugleich macht sein JA ihn immun gegen Mißstimmungen und Mißhelligkeiten, Wirrnisse und Widrigkeiten, die die Neinsager wie ein ansteckendes Leiden um sich verbreiten.

Alle großen, glücklichen und erfolgreichen Menschen waren JA-Sager. Ihr JA begründete ihren Sieg über alles Widrige und erwies ihr innerstes Selbst als den Träger und Garanten ihres Glücklichseins. Und sie alle raten uns das gleiche an:

„Kehr' still in dich zurück, ruh in dir selber aus. Dann fühlst du höchstes Glück und suchst es nicht im Weltgewimmel. Je tiefer in dich zurück, desto höher im Himmel".

Bejahen wir darum frühmorgens als erstes und abends als letztes:

„Durch die Kraft Gottes, die in mir wirkt, habe ich eine glückliche Hand und Erfolg in allem, was ich unternehme und wirke. Ich meistere jede Lage mit Hilfe der inneren Führung und folge dem Zug zum Guten, der in allem Geschehen spürbar ist.

Ich bin jetzt und allezeit positiv, optimistisch und auf dynamisches Wirken eingestellt. Mein Blick ist unbeirrbar auf das Gute gerichtet. Ich erwarte in allem das Bessere, das Gott für mich bereithält, und gebe jederzeit mein Bestes.

Als geistiges Wesen verfüge ich über alle Kräfte und Fähigkeiten, um alles, was ich beginne, zum Erfolg zu führen.

Weil ich alles im Lichte der Ewigkeit und mit dem Blick auf das Gute sehe, antworte ich auf alle Lebenserfahrungen positiv. Dadurch bleibe ich allem gewachsen. Schwierigkeiten werte ich als Anreize zur Erprobung und Bewährung meiner Kräfte und als Wecker neuer Vermögen.

Wo immer ich bin, ist das Glück und die Kraft des Glücklichmachens. Wo immer ich bin, will ich ein Segen sein für meine Umwelt, damit auch sie wie ich vom Geist des Gelingens dazu geleitet wird, dem Wohl des Ganzen zu dienen!"

JA zur Gesundheit

Alles stünde besser, wenn jeder der Verheißung (Jobs. 1, 7) folgen würde: „Sei nur getrost und voller Freude, dann wird es dir gelingen in allem, was du tust". Das gilt nicht zuletzt auch für das leibliche Wohlergehen, die *Gesundheit*.

„Da flehen die Menschen die Götter um Gesundheit an – sagt *Demokrit* – und wissen nicht, daß sie selbst die Macht darüber besitzen". Denn Gesundheit ist der natürliche Zustand, Ausdruck der Harmonie und Einheit von Seele und Körper.

Da unsere *Gesundheit* ebenso wie Glück und Erfolg weithin von unserer *Gesinntheit* abhängt, müssen wir jederzeit auf seelische Wohlgestimmtheit und positive Gedankenhaltung bedacht sein und uns gewöhnen, immer bewußter JA zu sagen zum Heilsein, zur Harmonie und Kraft von innen her.

Dazu gehört, daß wir negative Gedanken und Mißgefühle bewußt von uns fernhalten und Gemüt und Geblüt nicht durch Ärger und Sorgen, Eifersucht und Neid, Zorn und Haß vergiften.

Bei körperlichen Mißgefühlen, Unpäßlichkeiten und Leiden gilt es erst recht, uns zu besinnen und zu bejahen, daß wir in Wirklichkeit weit stabiler und gesünder sind, als wir uns fühlen, und allen Grund haben, dem *inneren Arzt*[5] zu vertrauen, der beständig für unser leibseelisches Wohlergehen wirkt, soweit wir ihn dabei nicht durch die Hinwendung auf negative Gedanken und Gefühle stören.

---

[5] Siehe hierzu „Der innere Arzt, Einführung in Wesen und Praxis der geistigen Heilung", „Sei geheilt! Die Heilwunder Jesu auch heute möglich!", sowie die Unity-Schriften „Christliches Heilen" von Charles Fillmore, „Du kannst geheilt werden" von Clara Palmer und „Erkenntnisse und Bekenntnisse eines Arztes" von Dr. C. O. Southard (alle Frick Verlag, Pforzheim).

Jedes gefühlsbetonte dynamische JA zum Gesundsein erhöht unser Gewißsein, daß die heilende Kraft des Geistes in uns lebendig und tätig ist, und rechtfertigt unser JA durch den alsbald spürbaren Gewinn an Kraft und Heilsein von innen her.

Unser freudiges JA wandelt Seele und Leib zum Strombett für alle schöpferischen, heilsamen und erneuernden Kräfte des Lebens, die wir sonst durch unsere Ängste blockieren.

Es ist zugleich ein immer erneutes Bekenntnis zu der Wahrheit, daß der Geist in uns von Schwäche, Krankheit und Unvollkommenheit frei ist und darum auch unser Körper, als Tempel des Geistes, zum Heilsein bestimmt ist.

Bejahen wir darum:

„Da Gottes Leben mein Leben ist, ist Gesundheit des Körpers die natürliche Folge. Darum öffne ich mich der heilenden Kraft des göttlichen Geistes im Blick auf das Wort: „Der Geist ist's, der da lebendig macht." Ich spüre die wärmende Welle der göttlichen Lebenskraft durch meinen Körper fluten. Ich freue mich dankbaren Herzens über die Zunahme meiner Kraft, Gesundheit und Vitalität.

Kein Anschein, kein Mißgefühl kann mich entmutigen, denn Gottes heilende Kraft in mir kennt keine Grenzen. Sie bewirkt und sichert mein Wohlergehen als mein göttliches Geburtsrecht.

Mein Körper ist der Tempel des göttlichen Geistes in mir. Jede Zelle, jedes Organ erneuert sich beständig von innen her – durch die Kraft des Geistes. Mit jedem Atemzug fühle ich, wie göttliche Kraft in mir aufströmt, mich durchpulst, erneuert und heilt.

Ich danke Dir, Gott in mir, dafür, daß du auch deinen Tempel – meinen Körper – zum Ausdruck deiner Vollkommenheit machst!

Ich glaube an Wunder, weil Gott, dem inneren Heiler und Helfer, nichts unmöglich ist. Ich erwarte Wunder der Wandlung, denen ich mich mit Leib und Seele willig anheimgebe und überlasse. Gott in mir heilt mich!"

JA zur Fülle

Je selbstverständlicher wir Gott als den unendlichen Geist des Guten und der Fülle bejahen, desto lebendiger wird unsere Teilhaberschaft, desto größer unser positiver Anteil am universalen Überfluß alles Guten.

Wir handeln weise, wenn wir uns immerfort im Strom der All-Fülle sehen, der sich, wie es im Psalm (112,3) heißt, auch nach außen hin als Reichtum offenbart: „Reichtum und Fülle wird in eurem Hause sein."

Dieses JA zum Reichsein ist kein Apell an die Eigensucht und Gier derer, die noch wähnen, im Leben zu kurz gekommen zu sein, und, sich selbst unterschätzend und hindernd, die Glücklicheren und Erfolgreicheren beneiden. Es entspringt nicht dem engherzig-ängstlichen Nehmen-Wollen, sondern dem befreienden Geist freudigen Gebens.

Wer es gut haben möchte, muß lernen, sein inneres Guthaben an Kräften und Vermögen durch Bejahung zu aktivieren und in positive Werte für alle umzusetzen.

Jede Regung des Habenwollens aus dem Gefühl des Mangels und Begrenztseins ist in Wirklichkeit ein Nein für die Kräfte des Guten und ein Hemmnis für die Entfaltung der Fülle. Der Reichtum des Lebens tritt nur dort in Erscheinung, wo das JA Ausdruck des Gewißseins ist, daß die Quellen der Fülle innen sind, immerfort fließen und uns befähigen, alles zu schaffen und zu erreichen, was wir als selbstverständlich bejahen.

Durch diese Erkenntnis wird der Egoismus zum Altruismus erhöht. Sie führt zu einer neuen Sozialität, zu einer geistigen Gemeinschaft, in der alle allen dienen und das Bewußtsein ihres Reichseins durch freudiges Geben offenbaren. Es ist die Antwort auf die Erkenntnis des *Angelus Silesius:* „Der Mensch ist alle Ding', und wo ihm eins gebricht, da kennet er fürwahr sein Reichsein selbst noch nicht. *In dir* muß Reichtum sein! Was du nicht in dir hast, wär's auch die ganze Welt, ist dir nur eine Last."

Wer nicht zu seinem inneren Reichtum findet, wer nicht zuerst *reich in Gott* ist, der bleibt bei allem äußeren Besitz ein armer Mensch. Daher rührt es, daß den innerlich Armen kein äußerer Besitz dauernd befriedigt, erfreut, beglückt, weil er den Kern nicht hat, sondern nur die Schale, nicht die Seele, sondern nur eine leere Hülle.

Dem hingegen, der sich seines inneren Reichseins bewußt ist, offenbart sich jeder Impuls liebenden Gebens als Auslöser größerer Segensströme.

Jedes in diesem Geiste gesprochene JA zum Reichsein bewirkt glückverbürgende Schicksalsschaltungen mit der Folge, daß das innerlich Vorgebildete, Vorausrealisierte von selbst aus der Innenwirklichkeit in die Sinnenwirklichkeit hinauswächst.

Damit vertieft sich zugleich das Bewußtsein jederzeitigen *Geborgenseins* als Folge der Gott-Gegenwarts-Gewißheit. Gott, sagt Meister *Eckehart,* „ist ein Gott der Gegenwart. Er fragt nicht, was du gewesen, sondern was du jetzt bist."

Ein anderer Mystiker fügt hinzu: „Ein Mensch, der mit Gott und aus der Fülle der Gottheit lebt, verhält sich zum Alltagsmenschen wie ein Wachender zu einem Schlafenden." Er weiß und bejaht, was auch wir stets bejahen sollten:

„Wo immer ich bin, ist Gott. Und was immer ich wirke, dient der Verwirklichung der göttlichen Fülle für alle. Darum sage ich Dank für alles und bejahe alles als von der Liebe Gottes gewollt und durchwaltet.

Im Bewußtsein der immerwährenden Gegenwart Gottes bin ich überall daheim. Mein Zuhause ist keine Frage des Orts, sondern des Bewußtseins.

Überall daheim und in Gott, finde ich überall Frieden und Freude, Liebe und Geborgenheit.

Gottes Kraft ist in mir und wirkt durch mich. Sein Licht erleuchtet mich, seine Liebe umhegt mich, seine Weisheit leitet und inspiriert mich, seine Macht behütet mich, sein Reichtum segnet und beglückt mich!"

JA zum Schicksal

Mit dem JA zur All-Fülle verbunden ist das allvertrauende JA zur göttlichen Vorsehung und damit zum Schicksal. Die Vorsehung, sagt Thomas von Aquin, „Ist nichts anderes als das Bild der Ordnung der Dinge, wie es im Geiste Gottes lebt. Das Schicksal aber ist die Entfaltung jener Ordnung in der zeitlichen Wirklichkeit." Darum ist, wie *Boethius* anfügt, „alles Schicksal von Grund auf gut."

Da der Mystiker weiß, daß der Zug des Schicksals auf Harmonie, Fülle und Vollendung gerichtet ist, achtet er darauf, daß auch sein Denken, Wollen und Wirken dem Allharmoniewillen entspricht. Denn das Schicksal meistert nicht, wer ihm den eigenen Ichwillen aufzuzwingen sucht, sondern nur, wer sich dem Harmoniestreben der inneren Führung gleichschaltet im Sinne des Wortes: „Nicht wie ich will, sondern *wie Du willst*, mein innerer Führer und Helfer!"

Mit dieser Einstellung des Mystikers, die auch die unsere sein sollte, ist jenes liebende *JA zum Schicksal* gemeint, das unsere latente Geschicktheit aktiviert und uns zur Meisterung des uns Geschickten befähigt. Es weckt schlummernde Vermögen in uns und in der Umwelt mit der Folge, daß wir immer häufiger Gelegenheit bekommen, JA zu sagen zu günstigen Umständen, erfreulichen Förderungen, Wunscherfüllungen und Segnungen – also zum Schicksal, also zum *Einssein mit dem Schicksal*.

Wir bejahen dann bewußt:

„Ich habe nicht und erleide nicht Schicksal – als etwas außer mir, gar als Verhängnis –, sondern ich bin Schicksal, wie ich nicht Leben und Willen habe, sondern durch und durch Leben und Wille bin.

Mein Schicksal – das bin ich selbst! Was immer geschieht, ist als Wirkung des Selbst meinem Fortschritt und Wohl im Lebensganzen dienlich – um so sichtbarer, je bewußter ich, wie ich es freudig tue, zum Schicksal JA sage wie zu mir selbst!"

Dieses JA zum Leben und Schicksal ist es, das uns die Fäden des Schicksalsgewebes in die Hand gibt, so daß wir förderliche Umstände anziehen, miteinander verknüpfen und zur Auslösung bringen. Der inneren Führung folgend, drücken wir den flüchtigen Dingen und Geschehnissen unseren Willen auf – den Willen des Ewigen in uns – mit der Wirkung, daß die Geschicke sich in die innere Ordnung schicken und den für unseren Fortschritt dienlichsten Verlauf nehmen.

Je schicksalsichtiger wir dabei werden, desto schicksalswilliger werden wir, desto demütiger und dankbarer. Wir fragen nicht mehr nach fremder Meinung, sondern richten uns nach dem Gott-Selbst im Seelengrund.

Die meisten Menschen gelangen erst durch schmerzvolle Erfahrungen zu solcher Einsicht und Einheit mit der inneren Führung. Der Schicksalswillige hingegen vermeidet Enttäuschungen, in dem er vorbehaltlos den in der meditativen Selbstbesinnung empfangenen Weisungen der inneren Führung folgt und zu allem, was dann geschieht, JA sagt.

Er zielt dabei nicht auf äußere Vorteile und Gewinne, sondern wertet das auf ihn zukommende Geschick nach seinem Gehalt an Gelegenheiten zur Kraftbewährung und Vollendung. Und er steigt nicht, wie armselige Alltags-Erfolgsjäger, auf Kosten fremden Glücks empor, sondern schöpft, was ihn größer und reicher macht, aus der Fülle des Inneren und mehrt mit dem eigenen Glück zugleich das der Wesen um ihn.

So bewirkt er, daß, was die innere Führung ihm zuweist, ihn weiser und reifer macht, glücklicher und größer. Und wenn scheinbare ‚Schicksalsschläge' ihn als Erprobungen seiner Schicksalswilligkeit treffen, wertet er sie als ‚Ritterschläge' und Anstöße zu erhöhter Kraftentfaltung.

Eben sein gläubiges JA läßt ihn immer wieder erleben, daß er, wie jedes Wesen, mit allen Kräften des Ewigen ausgerüstet und fähig ist, jede Lage zu meistern. Ist er von diesem Gewißsein erfüllt, kann niemand und nichts ihn hindern, sein Schicksal zu erfüllen und zu meistern.

Wir haben damit die Bahn des Schicksals betreten, die ständig höher führt. Wir wissen uns dann allezeit vom ‚inneren Kybernetes' (Steuermann) und Helfer geleitet, wie ein Schiff von der kundigen Hand des Steuermanns sicher durch alle Gefahren geführt wird. Wie das Schiff dem Druck des Steuers folgt, so folgen wir dem göttlichen Lenker in uns.

Wir werden dann an jedem der unzähligen Kreuzwege des Schicksals jeweils auf *die* Bahn hingelenkt, die uns allein unserem Hochziel optimaler Sinnerfüllung des Lebens näher führt.

Bejahen wir darum:

„Ich weiß, daß Gott die Welt regiert und daß alles in Ordnung und gut ist, mögen die Umstände auch zuweilen den Anschein des Gegenteils erwecken. Ich bejahe die göttliche Gerechtigkeit, die bewirkt, daß alles zum Besten ausschlägt, wie ich jedem Wesen das Beste wünsche.

Ich gebe mein Leben und Schicksal allvertrauend in Gottes Hand, dessen Wille immer auf mein Wohl zielt.

Das All ist im Gleichgewicht, und Störungen der Harmonie werden von innen her ausgeglichen. Durch mein JA zum Schicksal wandle ich alles, was kommt, in Segnung und Förderung. In mir und um mich wirkt der Unendliche Geist des Guten."

Freiheit von innen her

Jedes JA zum Schicksal ist zugleich ein JA zur *Freiheit* und zur Überlegenheit von innen her.

Alle Wesen sehnen sich nach mehr Freiheit: nach dem Freisein von Einengungen und Begrenzungen, nach der Freiheit der Wahl und der Verwirklichung alles Guten und Beglückenden.

Aber nicht alle sehen, daß sie diese Freiheit besitzen und durch Bejahung offenbaren können. Sie erkennen nicht ihre ‚Freiheit der Kinder Gottes' als ihr ewiges Erbgut. Darum mahnt der Mystiker, Meister *Eckehart*: „Der Mensch hat einen freien Willen, mit dem er wählen kann Gut oder Böse. Und dementsprechend legt ihm Gott vor: im Übeltun Not und Tod, im Rechttun Leben und Seligkeit. Der Mensch soll seiner Freiheit bewußt und Herr seiner Gedanken und Werke sein."

Bewußt wird er seiner Freiheit auf dem Wege nach innen. In der meditativen Selbstbesinnung erkennt er, daß der Menschengeist vor aller Zeit in schrankenloser Freiheit von Gott ausging, sich in die Materie einsenkte, sich in ihr immer vollkommenere Körperkleider und Werkzeuge der Selbstentfaltung schuf und auf seiner Weltenwanderung durch endlose Lebensreihen zu immer höherer Bewußtheit seines Freiseins in Gott emporsteigt. Während seiner Verkörperungen ist er durch seine Ichheit begrenzt, aber die innere Stimme seines Selbst verheißt ihm, daß er zur schrankenlosen Freiheit und Vollkommenheit finden wird.

Das ist auch die frohe Botschaft der Upanishaden:

„Du Seele, bist von Anfang an befreit aus Finsternis, bist fleckenloses Licht. Nur bange bist du, hast Gewißheit nicht ... Wach' auf! Sieh dich erlöst von Ewigkeit!"

Shankara kündete gleiches: „Alles, was vergeht, ist durch Umwandlung entstanden und entwird, indem es sein Ende findet im Geist. Der Geist aber ist, weil keiner Veränderung unterworfen, unvergänglich. Er ist der All-Erhabene und Ewige, seiner Natur nach rein, frei und erlöst."

„Gott, der Herr, ist Geist", sagt der Apostel (2. Kol. 3,17), „und wo der Geist des Herrn ist, da ist Freiheit." Uns, den Gotteskindern, gilt die Verheißung (Gal. 5,13): „Ihr aber, liebe Brüder, seid zur Freiheit berufen."

Wenn wir nicht unserem innersten Wesen nach freie Kinder Gottes wären, würden wir nicht die Idee der schrankenlosen Freiheit fassen und nach ihrer Verwirklichung streben. Wir spüren, daß die Gebundenheit an die Sinnenwelt unserem innersten Wesen unangemessen ist. Daran erinnert uns auch die Mahnung des Mystikers, Angelus Silesius:

„Die Welt, die hält dich nicht; *du selber* bist die Welt, die dich in dir mit dir so stark gefangen hält."

Aber eben diese Welt drängt uns immer wieder zu freier Entscheidung, zur Wahl des einen oder des anderen Weges. Alle Ethik und ebenso die Rechtsprechung setzt diese Freiheit mit Recht voraus. Gewissen und Gerechtigkeit, Wahrhaftigkeit, Güte und Liebe sind Äußerungen der Freiheit des Menschen, die mit dem Bewußtsein der Selbstverantwortung verbunden ist. Wer diese scheut, gibt seine Freiheit preis. Wer um sie weiß, ist bereit, gefährlich zu leben. Er nimmt das Abenteuer des Lebens als Aufgabe, als Gelegenheit zur Selbstbewährung, Kräftemehrung und schöpferischen Selbstverwirklichung.

Ein Wesen, das muß, ist unfrei, seiner Freiheit unbewußt. Ein Wesen, das will, betätigt seine Freiheit, wie schon *Origenes* betonte:

„Die Seele besitzt die Freiheit des Wählens, und es steht ihr allezeit offen, auf welche Seite sie sich neigen will." Ebenso Jakob *Boehme:* „Jeder Mensch ist frei und ist wie sein eigener Gott: er kann sich in diesem Leben in Licht oder in Finsternis verwandeln. Was einer für ein (Gedanken-) Kleid anzieht, das verrät oder verklärt ihn."

Ihm sekundiert Hans *Denck:* „Um wieviel der Mensch dem göttlichen Ursprung der Schöpfung näher ist und ähnlicher wird, um soviel ist er freier. Wieviel er hingegen an den Sinnendingen und an seiner Ichheit hängt, um soviel ist er durch sich selbst unfrei und gefesselt."

Sehen wir uns darum so, wie Gott uns sieht: frei und stark, liebevoll und weise, wie wir unserem innersten Wesen nach – durch den Christus in uns – sind. Betätigen wir diese unsere Freiheit, um sie immer lebendiger zu offenbaren, und erkennen wir dabei, daß das zugleich unser JA zum ständigen Vollkommenerwerden und zu wachsender Leidüberlegenheit bedeutet!

Bejahen wir darum:

„Durch Christus in mir bin ich frei und Herr meines Lebens und Schicksals und allem, was geringer ist, überlegen. Ich wirke in seinem Geiste und schaffe überall das Gute.

Ich bin frei nicht nur von allem, was mich bisher belastete, beengte und fesselte, sondern auch für alles, was ich ersehne und bejahe. Ich bin fähig, ständig stärker und größer zu werden, glücklicher und vollkommener, und frei, jede Aufgabe zu meistern, an die ich mich wage!

Wann immer ich mich dem Christus in mir zuwende, fühle ich in mir seine allbefreiende leidlösende Macht. An jedem Ort, in jeder Lage ist er in mir und mit mir.

Als Geistwesen bin ich frei, über mich selbst hinauszuwachsen und der Größere zu werden, der ich bin. Ich bekräftige meine Freiheit und meine Verantwortung, überall das Gute zu fördern und immer mein Bestes zu geben.

Indem ich diese Freiheit auch in jedem anderen als sein eigen bejahe, bringe ich mein eigenes Freisein zu immer vollkommenerer Offenbarung."

JA zum Vollkommenerwerden

*"Dem ringe nach! Es kann mit rechter Kraftanwendung
Der Mensch auf jeder Stuf' erreichen die Vollendung."*
Rückert: *"Weisheit des Brahmanen"*

Das nächste Große JA, das mit dem JA zum Schicksal zusammenhängt, ist das *JA zum Vollkommenerwerden*, bei dem uns wiederum die Mystiker mannigfach vorgelebt haben, was das bedeutet und zu welchen Gipfeln des Geistmenschentums dieses JA hinanführt.

Wir Menschen sind, wie alle Wesen, als ewig Werdende und Wachsende auf ständiges Größer- und Vollkommenerwerden angelegt. Darum ist jedes bewußt gesprochene JA zu den Erfahrungen des Daseins ein Schritt aufwärts. Es ist eine Äußerung des uns innewohnenden Vollendungsstrebens, das dahin wirkt, daß alle Dinge, Umstände und Schicksale letztlich unserer Selbstbesinnung und Selbstverwirklichung dienen.

Über allen Tugenden sieht Goethe eine: „Das beständige Streben nach oben, das Ringen mit sich selbst, das unersättliche Verlangen nach größerer Reinheit, Weisheit, Güte und Liebe." Mit jedem vom Geist des JA getragenen Verlangen danach aktivieren wir in uns neue schöpferische Potenzen, die uns den Aufstieg zu immer höheren Gipfeln der Vollkommenheit erleichtern.

Wer sich auf fortschreitende Wandlung und Erneuerung angelegt und eine unendliche Zukunft vor sich weiß, der sieht in allen Wesen und Dingen, Geschehnissen und Geschicken den Geist des Lebens am Werk, den er als seinen Führer und Helfer in sich weiß, wie er auch gewiß ist, Erbe des ewigen Reiches des Lichts, der Kraft und der Fülle zu sein.

Er bejaht seine Aufgabe, dem Ruf zu folgen, „vollkommen zu sein, wie Gott im Himmel vollkommen ist". „Wenn das Vollkommene kommt", sagt Paulus, „verwirft man das Unvollkommene, das Stückwerk" – im Blick auf die Einheit, um die es geht.

Wir müssen hier gewissermaßen einige Schritte zurück tun zu den Anfängen des Weges zum Licht, um uns den Prozeß des Vollkommenerwerdens lebendig zu vergegenwärtigen. Am Anfang des Pfades zur Erleuchtung steht die Aufgabe der *Verwesentlichung*. Zu diesem Zweck besinnen wir uns in der Stille immer wieder auf uns selbst, bejahen uns selbst und arbeiten an unserer Vollendung.

Zugleich bejahen wir mit *Hölderlin* als unsere Überzeugung, daß der Geist des Lebens „keiner redlichen Bemühung seinen Beistand versagt: Wenn wir dahin trachten und ringen, wohin ein göttlicher Trieb in unserer Brust uns drängt, so ist alles unser. Selbst der Widerstand ist ein Werkzeug der ewigen Weisheit, uns fest und stark zu bilden im Guten."

Auch die größte Not, als *Wachstumsreiz* erkannt und bejaht, wandelt sich dann in Segen. Gern folgen wir darum der Mahnung des Mystikers Angelus Silesius:

„Mensch, werde *wesentlich*. Denn wenn die Welt vergeht, so fällt der Zufall weg. Das Wesen, das besteht".

Das bedeutet immer bewußtere Lösung von allem Unwesentlichen, das uns nicht zugehört, sondern nur Beilegung und Verhüllung ist. Es geht um die Ent-Hüllung unseres innersten Wesens, um jene Ent-Ichung, von der Michael de *Molinos* sprach:

„Viele lösen sich wohl von allem Äußeren, werden aber nicht frei von ihren Neigungen, ihrem Eigenwillen und ihrer Persönlichkeit. Daher rührt es, daß sie keine Einsamen werden. Solange aber die Seele nicht über all das hinausgeht, solange sie nicht unbeschwert und frei eintreten kann in die Kontemplation, solange findet sie nicht zum hohen Glück der Einsamkeit und Abgeschiedenheit." Dazu nochmals Angelus *Silesius*:

„Mensch, so du noch was willst, was weißt, was liebst und hast, So bist du, glaube mir, nicht ledig deiner Last".

Um zur inneren Heimat zu gelangen, muß man nach außen hin haftensfrei und heimatlos geworden sein.

Der christliche Mystiker spricht von diesem Wegstück der Verwesentlichung als der ‚*via purgativa*', dem Weg der Reinwerdung. In den antiken Mysterienschulen sprach man im gleichen Sinne von der ‚*katharsis*' als der bewußten Loslösung von allem, was nicht dem inneren Wesen zugehört und der Selbstwerdung wie der Einswerdung mit dem Einen noch im Wege steht.

In diesem Lösungsprozeß beginnen die transzendentalen Kräfte des Selbst ihre umwandelnde Wirkung zu entfalten, und zwar, wie der lothringische Mystiker *Bruder Lorenz* es sah, in vier Stufen:

„Die erste Stufe ist die Reinhaltung des Lebens, ein ständiges Auf-der-Wacht-Sein, daß man nichts denkt, sagt und tut, das Gottes nicht würdig ist. Die zweite ist die Beharrlichkeit in der Entfaltung und Erhaltung des Bewußtseins der immerwährenden Gegenwart Gottes. Die Augen der Seele müssen beständig einwärts auf Gott gerichtet sein voll Sehnsucht, Vertrauen und Liebe, die keinen Raum für Sorgen oder Zweifel lassen. Die dritte ist, daß man vor jeder Arbeit zu Gott aufblickt mit dem Dank für seinen Beistand, und daß man jedes Werk ebenso abschließt. Die vierte ist die immer erneute schweigende Hinwendung der Liebe zu Gott mit Bejahungen wie diese: ‚Gott, du machst mein Herz dem deinen gleich', ‚Ich bin ganz dein' oder mit ähnlichen Worten liebenden Gottvertrauens".

Ist diese Reinwerdung erreicht, brauchst du, wie Meister Eckehart sagt, „nur Gott in dir arbeiten zu lassen, damit dein Wesen seines wird. Dann wirst du frei von allem, was aus dem Ich kommt. Dieses völlige innere Losgelöstsein und *Leersein* macht die Seele für Gott empfänglich und ihm ähnlich".

Eben darin besteht die Verwesentlichung, daß man von der Erscheinung zum Wesen durchbricht, zum Sein, zum Einssein. *Eckehart* fährt fort:

„Solange Gott dich rein und bereit findet, muß er zu dir kommen und in dein Wesen einströmen, gerade so, wie der

Sonnenschein, wenn die Luft rein und klar ist, sich auf die Erde ergießen muß". Er nennt dies ‚Entbildetsein von der Kreatur', von der Ichheit. Gleiches meint *Angelus Silesius:*
„Je mehr du dich aus dir kannst austun und entgießen,
Je mehr muß Gott in dich mit seiner Gottheit fließen,
Ein wesentlicher Mensch ist wie die Ewigkeit,
Die unverändert bleibt von aller Äußerkeit".

JA zum Fortschritt

Dieser Prozeß der Verwesentlichung, der der Stufe der Einweihung und Wiedergeburt vorausgeht, wird begleitet von dem Gefühl dynamischen inneren Wachstums und Fortschritts. Darum sagt der Mystiker *JA zum Fortschritt,* wobei alle äußeren Fortschritte und Erfolge nur schwacher Abglanz sind der Vorwärts- und Aufwärtsschritte, die im inneren Leben erzielt werden. Ein japanisches Zen-Gedicht drückt dies so aus:
„Von all dem wechselnden Geschehn
Kann nichts entschwinden, nichts vergehn;
Es wandelt sich aus jedem Kleid
Zu lichterer Vollkommenheit".
Nach der lebenspraktischen Seite hin bedeutet das JA zum Fortschritt als erstes, daß wir die *Gegenwart* als unseren Höhenflug günstig bejahen. Keine Zeit war je schlecht – nur die Herzen der Menschen sind kleingläubig und verzagt und hindern eben dadurch das Vorankommen wie das Kommen des Guten. Vertrauen wir der Weisheit der inneren Führung, wird die Zeit uns segnen. Jede Zeit ist das, was wir aus ihr machen.

Damit bejahen wir als zweites, daß es für den Geist in uns keine unüberwindlichen Hindernisse gibt. Unser JA wird durch die Erfahrung gerechtfertigt, daß jeder positive Impuls – musikalisch wie lebensdynamisch gesehen – harmonisierend auf den Zusammenhang, Zusammenklang und Ablauf der Dinge und Geschehnisse wirkt, so daß wir freier und leichter voranschreiten.

Drittens verwandeln wir durch unser JA jedes Sollen in ein Wollen, Ungemach aus einer Last in einen Lastenträger. Wir bewirken so, daß alles, was uns trifft, uns trefflicher und tauglicher macht für größere Aufgaben und Vollendungen.

Mit *Feuchtersleben* bejahen wir: „Wonach wir mit allen Kräften ringen, *das wird uns;* denn die Sehnsucht in uns ist Ausdruck dessen, was unserem Wesen gemäß ist" und was für uns erreichbar ist. Das heißt, daß wir mit jedem JA der Verwirklichung näherrücken.

Wir bemühen damit die geistige Seite des Fortschritts, von der *Thomas von Aquin* sprach: „Der menschlichen Seele Ziel und Vollendung ist, erkennend und liebend die ganze Ordnung der Geschöpfe zu durchschreiten und durchzudringen bis zum ersten Urgrund, welcher Gott ist".

Wir vermögen das, weil, wie *Leibniz* sagt, „die Vollkommenheit Gottes auch die unserer Seele ist, nur daß Gott sie schrankenlos besitzt. Er ist der Ozean, von dem wir nur einige Tropfen mitbekommen haben. In uns ist *etwas* von Macht, von Erkenntnis, von Güte, aber *ganz* ist dies alles in Gott". Doch je näher wir ihm auf unserem Wege kommen, desto größer wird unser Anteil an der göttlichen Vollkommenheit.

Nach dieser Abschweifung wenden wir uns dem ersten großen Ergebnis der Verwesentlichung zu, dem Geheimnis der Einweihung und der Wiedergeburt.

Einweihung

Aus der ‚Reinwerdung' und Verwesentlichung gelangen wir zur Reifwerdung für die Einweihung, die immer *Selbst-Einweihung* ist: die erste Weihe der Seele durch das göttliche Selbst und ihre Eingliederung in die unsichtbare Gemeinschaft der Erwachten. Sie ist der Übertritt aus dem Schein ins Sein, aus der Vergänglichkeitsgebundenheit in die Freiheit der Ewigkeit.

Ein Unity-Lehrer, *Freeman*, vergleicht das Leben einer Straße, die sich durch die Hügel der Zeit windet: „Mit jeder Kehre entschwindet ein bekannter Aus- und Umblick und ein neuer erscheint. Unser Dasein ist eine Pilgerfahrt ins Unbekannte. Wir sind Reisende, die jetzt ein Land des Lichts und Dunkels, des Daseins und Vergehens durchschreiten, aber bestimmt sind, uns aus den Niederungen bloßen Da-Seins zu erheben und zu Höhen aufzusteigen, auf denen die Sonne beständig leuchtet und nicht mehr untergeht".

Diesen Schritt aus dem Alltag in den All-Tag nannte man schon in den antiken Mysterienschulen die *Einweihung*. Sie diente der Öffnung der Seelen-Augen für die transzendentale Wirklichkeit. Sie ist der erste Schritt in das Reich des inneren Schauens und der Erleuchtung.

Diese Einweihung kann nicht von außen herbeigeführt oder von anderen vermittelt werden. Sie wird vom eigenen Selbst vollzogen und als rauschhaftes inneres Emporgehobenwerden auf eine höherdimensionale Bewußtseinsebene erlebt, als ‚Blick in die Ewigkeit'.

Die Frucht dieser Einweihung ist das, was der Mystiker die *Wiedergeburt* nennt, die den Anfang der Befreiung von der Wiederkehr, vom Kreislauf des Werdens und Vergehens, bildet. Es ist jenes Erwachen zur ‚Freiheit der Kinder Gottes', von der die Bibel (Tit. 3,5) spricht: „Gott macht uns selig durch das Bad der Wiedergeburt".

Sie ist eine geistige Geburt, in der das ‚Ebenbild Gottes' – das Selbst, Christus in uns – sich aus dem Schoße der Ichheit erhebt.

Wie wir bei der *Geburt* aus der bergenden Enge des Mutterschoßes in eine größere Umwelt mit neuen Aufgaben hinausgelangen, so treten wir bei der *Wiedergeburt* aus der Enge der Ichheit und der Sinnenwelt in die größere Wirklichkeit der Selbstheit und der geistigen Welt hinaus.

Es ist ein psycho-chemischer, psycho-alchemistischer Prozeß der Transmutation oder Umwandlung der bleiernen Ichheit in das sonnenhafte Gold der Selbstheit. Darauf weist Jakob *Boehme's* Wort, daß „das Paradies immer in der Welt ist, daß aber der Mensch nicht in ihm ist. Er betritt es erst, wenn er zur Wiedergeburt gelangt ist ... Es steht geschrieben: ‚ihr müßt von neuem geboren werden, sonst werdet ihr das Reich Gottes nicht sehen'. Diese Neugeburt muß *in dir* geschehen. Alsdann ist Christus dein getreuer Hirte. Du bist in ihm, er ist in dir, und alles, was der Vater hat, ist dein. Wo bisher Angst und Not herrschten, ist nun eitel Freude, göttliche Harmonie und Seligkeit".

Neben der lichten Seite hat diese Wiedergeburt auch eine ihr vorausgehende dunkle Seite, auf die der Mystiker hinweist. Wer empfangen will, muß zuvor gegeben haben. Wer Segen ernten will, muß zuvor geopfert haben. Wer erhöht werden will, muß vorher die Tiefe durchschritten haben. Wer wiedergeboren werden will, muß zuvor den ‚zweiten Tod', den *‚mystischen Tod'* durchschritten haben.

Kein Mystiker hat diesen zweiten Tod gefürchtet, sondern ihn, wenn seine Zeit gekommen war, als das höchste *JA zur Ewigkeit* willkommengeheißen. Von ihm sprach das Sonnengebet des *Heiligen Franziskus:*

„Gelobt seiest du, unser Bruder, der Tod,
Dem kein lebender Mensch entrinnen kann.
Selig jene, die sich in deinen heiligen Willen finden; *Denn der zweite Tod kann ihnen nichts anhaben".*

Auf dieses Ergebnis zielt das Wort der Offenbarung (21, 3): „Und der Tod wird nicht mehr sein" als auf den letzten Akt der Reinwerdung, Einweihung und Wiedergeburt.

Dieser ‚zweite Tod' wird von den Mystikern auch das ‚finstere Tal' genannt oder die ‚dunkle Nacht der Seele', nach deren Durchschreitung der Weg zu den lichten Höhen der Gott-Gegenwarts-Gewißheit hinanleitet.

Er ist eine letzte Übergangsperiode, in der es scheint, als wäre alles Licht einer unendlichen Nacht gewichen, weil die vergehende Ichheit die Seele letztmals mit dem Gefühl des Verlassenseins von Gott überflutet, bis das Licht des Selbst aufstrahlt.

So erlebte es der italienische Mystiker *Jacopone da Todi:*

„Vernichtung, hocherhaben, wie groß ist dein Verrichten, daß sich die Tore lichten zum schrankenlosen Sein" und ebenso *Angelus Silesius:*

„Tod ist ein selig Ding. Je kräftiger er ist,
Je herrlicher daraus das Leben wird erkiest.
Je mehr du dich aus dir kannst austun und entgießen,
Je mehr wird Gott in dich mit seiner Gottheit fließen".

Durch den mystischen Tod schreitet der Geist, wie Meister Ekkehart abschließend sagt, „über die Dinge und alle Dinglichkeit, über die Gestaltung und alle Gestaltigkeit, selbst über das Wesen in seiner Wesensgeartetheit hinaus. Hier geht dem Geist die volle Wirklichkeit und Wirksamkeit der Seligkeit auf, wenn Gott ihn so gänzlich in sich zieht, daß er keinen Unterschied mehr sieht und nicht mehr weiß, wofür er sich selbst halten soll".

Alsdann folgt dem mystischen Tode das Vollerwachen zur göttlichen Wirklichkeit, die als höchste *Selbstverwirklichung* unendliche Beglückung mit sich bringt.

JA zur Selbstverwirklichung

„Behüte, was in dir ist, und halte von dir ab, was außen ist. Hüte, erhalte und verwirkliche dein Selbst, dann wird alles andere aus sich selber gedeihen". Tschuang Tse

Das nächste Große JA ist das *JA zur Selbstverwirklichung*, die auf dieser Stufe mehr ist als sinnerfüllte Lebensgestaltung. Sie ist Ergebnis des Selbst-Erwachens und wird als Erleuchtung erlebt, als dynamisches Selbstsein. Dazu muß jeder seinen eigenen Weg in Freiheit finden und gehen.

„Alles Handeln gipfelt in der Selbstverwirklichung", lehrt die Bhagavad Gita. Ein moderner Dichter fügt an: „Nur wenn wir ganz JA gesagt haben, werden wir Herr, werden wir wir selbst". Dieses JA meint die Offenbarung unseres unvergänglichen innersten Selbst, wie es *Nietzsche* in einer Sternstunde bejahte:

„Ich bin ein Segnender und ein JA-Sager, wenn *du* nur um mich bist du Reiner! Lichter! Du Licht-Abgrund!

... Zum Segnenden bin ich worden und zum JA-Sagen ...

… Zum Segnenden bin ich worden und zum JASagenden: dazu rang ich lange und war ein Ringer, daß ich einst die Hände frei bekam zum Segnen. Das aber ist mein Segnen: über jedwedem Ding als sein eigener Himmel stehn, sein rundes Dach, seine azurne Glocke und ewige Sicherheit. Selig ist, wer also segnet".

Dieses dynamisierende JA zu unserem führenden *Selbst* als dem lebenspendenden Zentrum unseres Wesenskraftfeldes und Garanten unserer Selbstverwirklichung erfüllt uns mit dem frohen Gewißsein, daß wir immerfort, auch, wenn wir stillzustehen wähnen, auf dem Wege zu wachsender Machtfülle und Vollendung sind und daß wir auf diesem Wege zu bewußten

Trägern des Lichts und Lebens für immer mehr Wesen werden, die mit uns den Weg zur Vollendung gehen.

Das meint Nietzsches Ruf an jeden zu seinem ewigen Selbst Erwachenden:

„Vorwärts auf der Bahn der Weisheit, guten Schrittes, guten Vertrauens! Wie du auch bist, diene dir selber als Quell der Erfahrung! In jedem Falle hast du an dir eine Leiter mit hundert Sprossen, auf denen du zur Erkenntnis steigen kannst. Wenn dein Blick stark genug geworden ist, den Grund in dem dunklen Brunnen deines Wesens und deiner Erkenntnis zu sehen, werden dir vielleicht in seinem Spiegel die fernen Sternbilder künftiger Kulturen sichtbar werden".

Wer dessen auch nur für einen Augenblick lebendig inne ward, bejaht mit *Emerson:*

„Ich, der noch Unvollkommene, bejahe meine Vollkommenheit; denn meine Aufnahmefähigkeit für das Göttliche ist unbegrenzt. Mehr und mehr dringen die Wogen der ewigen Natur in mich hinein; ich werde allgemeindenkend und menschlich in meinen Beziehungen und Handlungen. So gelange ich dahin, in Gedanken zu leben und mit Kräften zu wirken, die unvergänglich sind".

Alle Selbstverwirklichung beginnt mit dem *Selbst-Erwachen* als Frucht der inneren Sammlung. Hier gilt die Mahnung des tibetischen Mystikers *Milaräpa:* „Solange Zerstreuung möglich ist, ist Sammlung und Versenkung, Selbst-Besinnung und Selbsterwachen unmöglich. Solange Haftenssucht regiert, findet keine Selbstverwirklichung statt. Solange einer noch dem Auf und Ab des Lebens hingegeben ist, gelangt er nicht zur Weisheit. Solange er an den Kreislauf von Geburt und Tod gefesselt ist, bleibt er der Erleuchtung fern".

Wer aber, seines Selbst innewerdend, zu sich selbst erwacht, der erkennt, wie alle Wesen werdend-entwerdend sich wandeln, wie aber ihr Wesentliches – ihr Selbst unverändert sich selber gleich bleibt. Darauf zielt der Ruf des Apostels (Eph. 5, 14): „Wache auf, der du schläfst, dann wird Christus dich erleuchten", und ebenso der Rat *Seuse's:* „Bleibe fest in dir, bis du aus dir selbst ohne dich selbst – ohne dein Ich – zu dir selbst gezogen wirst".

Geschieht das, dann beginnt eine Stufenfolge immer höheren Selbsterwachens und Innewerdens der göttlichen Wirklichkeit. Denn, wie *Al Ghazali* sagt, „der Schlüssel zum Gott-Erkennen ist das Selbst-Erwachen".

*

Das Selbst-Erwachen ist ein Innewerden der Lichtheit unseres Innern. Weil wir unserem innersten Wesen nach Licht sind, ist *Erleuchtung* die Krönung des JA zu uns selbst, wenn sie auch keineswegs der Abschluß unserer Selbstverwirklichung ist.

Deshalb bleibt der Mystiker auch nicht bei der Erleuchtung stehen, die zudem, wie *Bernhard von Clairvaux* bemerkt, „nicht jeder Seele, und wäre es auch nur für einen Augenblick, zuteil wird, sondern erst jener, die sich in tiefster Inbrunst und Hingabe dafür empfänglich gemacht hat".

Immer aber geht schon mit dem ersten kurzen Aufblitzen der Erleuchtung ein Hochgefühl des Emporgehobenseins, der Schwerelosigkeit, des Schwebens einerseits und eine universale Erweiterung des Wahrnehmungsvermögens andererseits einher, als wäre die ganze Welt in der Lichtdurchflutung durchscheinend geworden.

In dieser Erleuchtung ist die Seele ganz Schauen und zugleich erfüllt von der Seligkeit des Einsseins mit dem Geschauten, das als Erscheinung und Ausdruck der göttlichen Allgegenwart erkannt wird, wobei Gott jedoch vorerst noch ein Gegenüber bleibt.

Die Schau beginnt, wie der Apostel (Luk. 11, 34 f.) bemerkt, mit dem Innewerden der Lichtheit des eigenen Innern bis in den Körper hinein: „Wenn dein Auge einfaltig (nur auf das Eine gerichtet) ist, wird dein ganzer Leib licht ... wie wenn ein Licht mit hellem Blitz dich erleuchtet". Doch umfaßt dieses Licht alsbald auch die Umwelt, wie der Prophet (Jes. 58, 8) es sah: „Alsdann wird dein Licht hervorbrechen wie die Morgenröte".

Diese Erfahrung, die den Apostel (1. Thess. 5, 5) künden ließ, „ihr seid allzumal Kinder des Lichts", haben alle Mystiker, jeder auf die seinem Wesen gemäße Weise und doch im wesentlichen übereinstimmend als die ‚*via illuminativa*', als den Weg der Erleuchtung beschrieben. Lassen wir einige Wenige über diese Erfahrung und ihre Folgen berichten:

Plotin schrieb: „Oft, wenn ich aus meinem Körper entrückt war und zu meinem wahren Selbst emporstieg, vergaß ich die Welt und entsank im Anschauen überirdischer Schönheit. Danach stieg ich zu noch höheren geistigen Regionen auf und wurde verklärt. Ich tauchte im göttlichen Licht unter und erlebte mich selbst als göttlichen Wesens".

Ähnlich sein Schüler, der Heilige *Augustin*:

„Ich stieg hinab in meinen innersten Seelengrund, und du führtest mich. Ich sah mit den Augen der Seele hoch droben über meiner Seele das ewig unveränderliche Licht des Herrn. Es war nicht das gemeine Licht oder das Wesen des Lichts, nur heller in seiner Strahlenflut, nein, es war ein ganz anderes Licht. Es war über mir, weil es mich erschaffen hatte. Wer die Wahrheit kennt, der kennt dieses Licht, und wer es kennt, der kennt die Ewigkeit".

Jakob *Boehme* erkannte in der Erleuchtung, daß „der Himmel, in dem Gott wohnt, allerorten ist und daß nichts außer Gott ist, der darum *Gut* heißt, weil er das Gute ist. Das Paradies ist innen als das Reich der göttlichen Welt, in dem die ewige Weisheit offenbar und jedes Wesen Werkzeug des göttlichen Geistes ist".

Boehme schildert, wie er schon als junger Mensch in einer plötzlichen Erleuchtung „von göttlichem Licht umfangen wurde und sieben Tage hindurch in göttlicher Beschaulichkeit und Freudenfülle lebte". Diese Erleuchtung wiederholte sich später beim Anblick des Spiegelbildes eines Sonnenfunkens in einem Zinngefäß, in dem sich seiner Seele der Lichtozean des göttlichen Reiches öffnete und er sich in den innersten Lichtgrund und Mittelpunkt des Universums entrückt fühlte.

Davon berichtet er, daß er „in einer Viertelstunde mehr geschaut und erkannt habe, als wenn er viele Jahre auf einer Hochschule gewesen wäre". Er sah und erkannte das Wesen der physischen und der geistigen Welten. „Was für ein Triumphieren da in dem Geiste gewesen ist, kann ich nicht beschreiben oder aussprechen. Es läßt sich mit nichts vergleichen als nur mit dem, wo mitten im Tode Leben geboren wird. In diesem Lichte hat mein Geist durch alles hindurchgesehen und in allem, was lebt, Gott erkannt, wie er ist und was sein Wille ist".

Er beschreibt weiter, „wie die Seele in Gott erkannt wird wie ein Blitz", wie der Himmel sich auftut und wie ihn die Offenbarungen überfielen „wie ein Platzregen", wie es ihn drängte, das, was er von der inneren Schau der Schöpfung in ihrem geistigen Zusammenhang und ihrer geordneten Bewegung erfassen konnte, aufzuschreiben.

Bernhard von Clairvaux weist auf das Unerwartete und Plötzliche der Erleuchtung hin, in der Gott erfahren wird:

„Von wannen Gott kam, als er plötzlich in meine Seele einging, weiß ich so wenig, wie er sie verließ oder auf welchem Wege er ein- und ausging, wie es auch der Apostel (Joh. 3, 8) gesagt hat: ‚Du weißt nicht, von wannen er kommt und wohin er fährt'. Wenn ich nach außen blickte, fand ich sein Licht außerhalb meiner, und wenn nach innen, war es im Innern".

Hugo von St. Victor gab dem Großen JA Ausdruck:

„Ich wurde plötzlich erneuert und verwandelt. Mir ist unendlich wohl zumute, mehr, als Worte sagen können. Mein Bewußtsein ist heiter, aller Schmerz, alles Elend der Vergangenheit entsinkt. Meine Seele jauchzt, mein Geist wird hell, mein Herz entbrennt. Mir ist, als halte ich etwas in liebevoller Umarmung, und meine Seele strebt mit Freudigkeit, daß sie nicht weiche von dem, was sie für immer umarmt halten möchte. Sie ist voll höchsten Frohlockens und wünscht sich weiter nichts, als daß dieser Zustand ewig so bliebe".

Ähnlich beschrieb Valentin *Weigel*, wie seine Erleuchtung nach langem Grübeln und Gebet um Klarheit durchbrach. „Plötzlich widerfuhr mir Gnade von oben herab, denn mir ward, Gott, dein Auge gezeigt, das mein Herz erleuchtete, so daß ich Dinge sah und beurteilen konnte viel klarer und lauterer, als mich alle Lehrer mit ihren Büchern lehren könnten".

Der holländische Mystiker *Ruysbroeck* beschreibt die Erleuchtung so: „Die beiden Geister, mein, des Menschen Geist, und Gottes Geist, funkeln und leuchten ineinander, und jeder zeigt dem anderen sein Antlitz . Dabei wurden ihm die Gaben des Heiligen Geistes gegeben, die *Paulus (1. Kor. 12, 7f.)* als Früchte der Erleuchtung nannte:

„In einem jeglichen erweisen sich die Gaben des Geistes zum gemeinsamen Nutzen. Einem wird gegeben, durch den Geist zu reden von der *Weisheit,* dem anderen, von der *Erkenntnis* nach demselben Geiste, einem anderen der *Glaube* an den Geist, einem anderen, *Wunder* zu wirken, einem anderen die Gabe der *Weissagung,* einem anderen die Gabe, zu unterscheiden, einem anderen mancherlei Sprachen ... Dies alles wirkt der einige Geist und teilt einem jeglichen seines zu, nachdem er will".

Ruysbroeck nennt außer diesen noch weitere Gaben des Geistes, die in der erleuchteten Seele wirksam werden: die der *Güte,* aus der alle Tugenden entspringen, dann die Gabe der *Stärke,* die den Menschen über sich selbst und die Welt hinauswachsen läßt, dann die Gabe des *Rats,* die den Menschen gottwärts weist, daß sein Herz sich öffnet und erglüht in brennender Liebe zu Gott, weiter die Gabe der *Vernunft,* die die Schönheit und den Reichtum des Lebens offenbart, vor allem aber den Blick auf den Adel der Seele richtet und Einsicht verleiht in die Kunst rechten Lebens aus dem Geiste ...

Diesen wenigen Stimmen aus vielen sei eine aus dem Nahen Osten beigesellt, die des Sufi *Bajezid:* „Als Gott mich zu den oberen Stufen erhoben hatte, erleuchtete er mit seinen Strahlen mein ganzes Wesen, entschleierte mir die Geheimnisse des Alls und offenbarte mir seine unendliche Größe. Die Klarheit meines Auges wurde ins Unermeßliche gesteigert. Und alles mit Gottes Augen betrachtend, sah ich Gott durch Gott".

Gott-Geburt

In der Erleuchtung findet der Prozeß der Wiedergeburt des Menschen seine Fortsetzung und Erfüllung in der *Geburt Gottes in der Seele*. Sie ist Abschluß und Vollendung des JA zum Selbst und zum Vollkommenerwerden. Der Erleuchtete ist nun auf dem Wege zum Absoluten, auf dem er nicht nur *bis* zu Gott, sondern *in* Gott gelangt und heimgefunden hat.

Statt von der Geburt Gottes sprechen die christlichen Mystiker im gleichen. Sinne auch von der *Geburt in der Seele* als der Teilhabe an der absoluten Wirklichkeit des Reiches Gottes.

Die Seele des Mystikers erlebt diese Gottgeburt zuweilen wie eine Mutter die Geburt ihres Kindes. ‚Sie ist ganz Liebe und ganz eins geworden. In dieser Einheit wird Gott in jedem Augenblick neu geboren'. Mit den Worten Meister *Eckeharts:*

„Gott ist in allen Dingen wesentlich, wirklich und wirksam gegenwärtig. Aber *gebärend* ist er allein in der *Seele,* die nach Gott gebildet ist. Ihr Bild muß vollendet werden in dieser Geburt. Für diese Geburt ist keine vergängliche Kreatur empfänglich, sondern allein die Seele. Was an Vollkommenheit in die Seele kommen soll, es sei Licht oder Gottseligkeit, muß durch diese Geburt in die Seele kommen. Harre also allein dieser Geburt Gottes in dir, so findest du alles Gut und allen Trost, alle Wonne und Seligkeit in dir ...

... Davor aber muß alles Zeitliche und Vergängliche von der Seele abgefallen sein, alle Wünsche des Körpers und des Ichs müssen aufgegeben sein. Es muß ein ständiges Herein- und Hinausfließen in der Seele, in der Gott wohnt, vor sich gehen. Wenn die Seele in ihrem Allerinnersten so lebt, daß sie Gottes Ebenbild ist, dann erlebt sie die Vereinigung, dann vollzieht Gott in der Seele seine Geburt".

Bei Eckehart sind Gottes-Mystik und Christus-Mystik *eins.* Andere Mystiker sprechen statt von der Gottgeburt von der Geburt Christi in der Seele wie Angelus Silesius:

„Ich muß *Maria* sein und Gott aus mir gebären,
Soll er die Seligkeit mir ewiglich gewähren …
… Ist deine Seele still und dem Geschöpfe Nacht,
So wird Gott in dir Mensch und alles wiederbracht".

Mit anderen Worten: Du bist Bethlehem, die Stätte, da das ewige Licht zur Welt kommt. Dein Herz ist die Krippe, darinnen der Menschensohn ruht. Die Stille in dir ist die einsame Hütte auf dem Felde, wo der Ewige in dir geboren, wo Gott Mensch wird.

Diese Geburt ist nach *Ruysbroeck* „eine in jedem Augenblick sich von neuem vollziehende, weil immerfort aus der göttlichen Einheit das Licht ausstrahlt, das die Seele zur Liebe antreibt und zu neuer Vereinigung in ständigem Kreislauf. Dabei wird die Seele ganz von der Einheit des göttlichen Wesens umfangen und überformt, ohne daß der Geist dabei seine Individualität verliert".

Der soweit Gelangte lebt weiter in der Welt, ohne ihr anzugehören und anzuhängen. Denn nun herrscht nicht mehr das Ich, sondern *Christus,* das göttliche Selbst. Jetzt ist der Mensch ganz Werkzeug und Wirker göttlichen Willens. Das bedeutet praktisch, daß er von da an, solange er noch im Körper weilt, in allem, was er denkt und tut, jedem Wesen gegenüber *die göttliche Liebe* zum Ausdruck bringt.

JA zur Liebe

*„Wer einen einz'gen Strahl der großen Liebe fühlt,
der ist gerettet, ist bei Gott".* **Kabir**

Das nächste Große JA ist das *JA zur Liebe* im universalen Sinne des Wortes: zur Uneingeschränktheit göttlicher Liebe, die weder Unterschiede noch Ausnahmen kennt, sondern alles in sich schließt und selbstlos umfaßt.

Die Liebe ist das schöpferische Prinzip im Universum, die Quelle ewigen Werdens und Sich-Vollendens – Selbstoffenbarung des Göttlichen in immer neuen, immer höheren Gestaltungen.

Von dieser göttlichen Liebe ist die sinnenhafte Liebe nur ein schwacher Abglanz. Die letztere bleibt immer nur ein Augenblicksrausch, während die vom Mystiker mannigfach erfahrene Gottesliebe Teilhabe ist an einem Dauerzustand der All-Einsseins-Seligkeit.

Wenn die Seele in dieser Liebe entbrennt, wird sie frei von allem, was ihrem Wesen ungemäß ist, frei vom Haften an Unzulänglichkeiten und frei zu allem Guten und Beglückenden. Durch sie wird mühelos erlangt, was auf keine andere Weise erreicht werden kann.

Der Mystiker stellt diese Liebe über alle Visionen und parapsychischen Begleiterscheinungen des inneren Lebens. Wie *Tauler* sagt: „Das wahre Verdienst besteht nicht darin, daß einer mehr Gesichte und Tröstungen habe oder eine höhere Stufe auf dem Wege nach innen erreichte, sondern daß er in wahrer Hingabe gründet und von göttlicher Liebe erfüllt ist, die alles in Gott verwandelt."

Bernhard von Clairvaux fügt hinzu: „Wenn diese Liebe vollkommen ist, wird die Seele dem göttlichen Wort vermählt. Was wäre mehr zu erwünschen als diese vollkommene Liebe. Sie ist mehr als nur eine Verbindung, sie ist Verschmelzung und Einswerdung".

Liebe heißt Erkennen. Nur ein Liebender kann Gott wahrhaft erkennen, weil nur Liebe zur Einung führt. Diese Liebe ist es, nach der der Mystiker strebt und deren Segnungen er in die Umwelt hinausträgt, die für ihn Selbstoffenbarung der Gottheit ist.

Meister *Eckehart* vergleicht die Liebe einem Angelhaken: „Wer durch den erfaßt wird, wird vom stärksten aller Bande gehalten. Doch es ist beseligend, durch ihn herangezogen und gehalten zu werden. Wenn du dir diesen holden Zügel der Liebe auferlegst, wirst du deinem hohen Ziele näher kommen als durch irgendwelche von Menschen erfundenen Zügel und Mittel. Darum blicke auf diesen Angelhaken. Wenn er dich fängt, wirst du gesegnet sein. Und je mehr du durch die Liebe gefangen wirst, desto freier wirst du sein".

Liebe ist Religion in Aktion

„Gott ist die Liebe selbst und tut auch nichts als lieben. Drum will er auch, daß wir die Liebe stets soll'n üben", wie Angelus Silesius mahnt. Wir tun das, wenn wir in allem, was geschaffen ist, das Göttliche sehen und auf alles, was lebt, das Licht unserer Liebe ausstrahlen – im Bewußtsein der tief-inneren Gemeinsamkeit und Gemeinschaft allen Lebens und Seins.

Das große JA zur Liebe ist ein JA zur Einheit: zur inneren Einheit, zur Einheit mit dem Nächsten und zur Einheit mit dem Ewigen. Der solchermaßen Liebende ist sich seiner Mitverantwortung für alles Geschöpfliche bewußt. Er will Helfer sein, damit alle Wesen zu gleicher All-Liebes- und -Seins-Bewußtseins-Seligkeit gelangen. Was er denkt und tut, geschieht um der Liebe willen – im Geiste der Selbstlosigkeit und der Einheit. Leben und Liebe sind für ihn eins.

Diese Liebe sucht nichts und verlangt nichts; sie gibt ohne Warum und Wozu. Alle Mystiker sind beredte Künder dieser Liebe wie Richard *Rolle:*

„Das ganze Leben verläuft in beseligendem Tausch von Liebe und Geliebtwerden. Wer Liebe wünscht, der beginne von sich aus mit der Liebe, die dann zu ihm zurückkehrt. Auf denn, wer sich aufraffen kann! Diese Welt ist groß und gut genug, um in ihr den Himmel zu gewinnen. Indem wir lieben, leuchten wir. Die Liebe durchstrahlt, erhellt und löst alles, was noch nicht Liebe ist"

Thomas von Kernpen schließt sich dem an:

„Nichts ist süßer als die Liebe, nichts stärker und höher, nichts befreiender und vollkommener. Denn die Liebe ist aus Gott geboren und findet keine Ruhe außer in Gott. Der Liebende gibt alles hin und hat alles in allem, denn er ruht in dem Einen …

… Die Liebe ist ein Gut über alle Güter: sie macht alles Schwere leicht; sie trägt jede Last, ohne daß sie ihr bitter wird. Sie treibt zu großen Taten und weckt das Verlangen, immer größere zu vollbringen. Sie strebt aufwärts, will frei sein und fern aller ichhaften Neigung. Der Liebende geht und ist allezeit fröhlich. Und je mehr er gibt, desto reicher wird er".

Für den Mystiker ist Liebe nicht nur Hinneigung, sondern höchste Hingabe. Sie ist die Kraft, die zur Einung führt. Völlige Hingabe ist darum, nach Meister *Eckehart,* „eine Tugend vor allen Tugenden. Kein Werk von Belang kann ohne sie gelingen. Wie unbedeutend ein Geschäft auch sein mag und wie gering im Ansehen, so ist es doch, mit Hingabe getan, förderlicher als alle religiösen Verrichtungen".

Die edelste Form der Hingabe ist die dem *Nächsten* zugewandte tätige Liebe.

Nächstenliebe als praktische Religion

Die ethische Konsequenz der Hingabe ist die *Liebe zum Nächsten* als lebendige Form der Gottesliebe. ‚Du bist ich', sagt die Liebe, denn wir sind gleichermaßen Offenbarungen des ewigen Ich-Bin, des Liebeswillens der Gottheit, die nach Selbstoffenbarung und Betätigung drängt'.

Alles Lebendige gedeiht nur durch liebendes Geben und Empfangen. Wo dieser Kreislauf der gegenseitigen Förderung stockt, sind Mangel und Not, Siechtum und Tod die Folgen. Darum heißt es mit Recht: „Willst du glücklich sein, so liebe!" Der liebend Bejahende ist immer der Reichere, weil er der Gebende ist.

Nächstenliebe bedeutet, daß wir die anderen mit den Augen Gottes sehen und in ihnen das Lichte, Vollkommene, Göttliche erkennen und ihm dienen.

„Wenn alle Menschen ihre Nächsten lieben, ist die Welt in Frieden", wie *Meng Tse* sagt. „Den Nächsten lieben heißt Gott in seinem Ebenbilde lieben", fügt der Cusaner hinzu, und ebenso Angelus Silesius:

„Wer in dem Nächsten nichts als Gott und Christum
sieht,
Der siehet mit dem Licht, das aus der Gottheit blüht".

Jede Religion lehrt: Liebe Gott in deinem Nächsten; das allein ist tätige Gottesliebe. Sieh den Gottfunken in ihm, einerlei, ob er ihm selbst schon bewußt ist oder nicht. Dann wirst du für ihn *und* für dich zu einem Quellbrunnen heimlicher Segnungen, die ihm helfen, zu seinem wahren Selbst zu erwachen.

Aus der Sicht des Ich mag es oft schwer erscheinen, unseren Nächsten als Träger göttlichen Lebens anzusehen und zu lieben. Aber mit den Augen des Geistes sehen wir Gott in ihm, vergessen dann alles, was unsere Sinne uns zeigen und was das Gedächtnis uns vorhält, und halten uns an das, was sich uns innerlich offenbart. Und wenn wir ihm alsdann unsere Liebe schenken, können wir dem Gott in ihm wie in uns getrost alles weitere überlassen.

Aus dieser Einsicht und Allsicht sprach Johannes *Kepler* von der „Harmonie der Welten", also davon, daß im Universum alles durch den göttlichen Geist unlösbar miteinander verbunden und eins ist. Er sah die Welt als einen lebendigen All-Organismus an, in welchem, was irgendeinen Teil berührt und widerfährt, in allen anderen verspürt, mitempfunden, miterlitten wird. Jedes Wesen ist Zelle und Spiegel des Ganzen, und jedes ist so unendlich wie das All und trägt alle Kräfte und Eigenschaften und alle Möglichkeiten des Universums in sich.

Darum erwarten wir, wenn wir JA zur Liebe sagen, nicht nur von uns selbst, sondern gleichermaßen von den Wesen um uns das Höchste. Denn *das unserem Selbst Nächste ist immer der Nächste.* Wer zu ihm in Gedanke, Wort und Tat JA sagt, fördert und sichert mit dem Wohl des anderen zugleich das eigene Wohl.

Da, wie *Kant* sagt, „der Mensch nicht gut genug vom Menschen denken kann", wecken wir durch unser ermutigendes JA bewußt die positiven Tendenzen und Kräfte des Guten im Nächsten wie in uns selbst. Da der andere unmerklich das wird, was wir von ihm denken und halten, lassen wir ihn fühlen, daß wir an ihn glauben und ihm auch das Höchste zutrauen.

Wir folgen damit der *Goldenen Regel,* das, was wir von anderen erwarten und getan wünschen, diesen zuerst selbst zu erweisen.

Das JA zum Nächsten ist ein Schlüssel zum Glücklich machen und Glücklichsein. Denn was wir bejahen, das stärken und steigern wir in den anderen wie in uns selbst. Mit jedem JA bringen wir latente Harmonien zwischen uns und der Umwelt zum Wirken und sehen unser Vertrauen zum Geist der Liebe in wachsendem Maße gerechtfertigt.

Diese Harmonie beginnt im eigenen Heim, indem jeder sich für das Wohl seiner Lieben verantwortlich fühlt und das zuvor tut, was er von ihnen erwartet. Sie setzt sich fort als Harmonie mit und in der Gemeinschaft, der wir angehören, in Stadt und Staat und in der Menschheit. Sie führt zu der Erfahrung, daß der Mensch gut ist, weil Träger göttlichen Wesens.

Das hat eine Fülle lebenspraktischer Auswirkungen:

So bedeutet unser JA zum Nächsten, daß wir nicht über andere richten, weil wir wissen, daß wir vom Inneren Richter mit dem gleichen Maß gemessen werden. Nur wer ohne Fehl ist, mag über andere urteilen; aber dieser tut es nicht, weil er, ohne Fehl, vor lauter Licht keine Schatten mehr sieht.

Es bedeutet weiter, daß wir denen, die uns wehtaten, vergeben, wie wir wünschen, daß uns vergeben werde, und daß wir Böses mit Gutem vergelten und so Leid in Segen verwandeln.

Es bedeutet endlich, daß wir jeden Gedanken, den wir ausstrahlen, und jedes Wort, das wir der Zunge anvertrauen, zuvor im Herzen bewegen, ob es wahr und gut ist, aufrichtig und aufrichtend, aufbauend und hilfreich, und daß wir lieber schweigen, als Negatives in Worte zu kleiden.

Jedes Wort, das wir aussprechen, sei Ausdruck des Geistes der Einheit, Befürwortung des Höherführenden und Segnung des Nächsten. Im gleichen Maße erfahren wir, daß wir selbst der Gesegnete und Bereicherte sind.

Wer den anderen als sein *anderes Selbst* bejaht und nur das Gute und Lichte an ihm sieht, der aktiviert in ihm die edelsten Kräfte und höchsten Anlagen und bringt sie nach dem Gesetz der geistigen Wechselwirkung im gleichen Ausmaß in sich selber zu lebendiger Entfaltung. Selbst das Zusammenleben mit unleidlichen Menschen wird durch solche Bejahung erträglicher und ertragreicher für beide.

Immer gilt: wie jemand zu seinem Nächsten steht, so steht er zu Gott. Darum weiß der Bejahende und aus dem Geiste Lebende, daß er nie allein ist, daß geheime Fäden der Sympathie ihn mit seinem Nächsten und im gleichen Maße mit Gott verbinden, der ihm in jeder Begegnung mit Anderen sichtbar entgegentritt.

Geist der Einheit

Oberflächlich gesehen sind wir alle voneinander getrennt und jeder lebt sein eigenes isoliertes Leben – jeder Mensch, jedes Tier, jede Pflanze, jeder Einzeller. Aber von innen her gesehen, ist alles Leben manigfach miteinander verbunden und eins. Wir handeln darum recht, wenn wir dem *Geist der Einheit* durch unser Denken, Verhalten und Tun Ausdruck geben. Alles ist mit allem durch das Band der *Liebe* verbunden.

Diese Liebe kennt keine Ausnahmen und Bevorzugungen, sonst wäre sie nicht mehr Liebe, sondern Willkür.

Sie bejaht, daß jedes Wesen auf der Welt an seinem Platz notwendig und Ausdruck göttlichen Wesens und Lebens ist.

Darum erstreckt sich das JA zur Liebe nicht nur auf die Menschen, sondern gleichermaßen auf unsere jüngeren Brüder, die *Tiere,* und auf Schwester *Pflanze,* an denen der Mensch sich täglich versündigt. Der innerlich Wache weiß, daß alles, was lebt, auch Tiere und Pflanzen, für Liebe empfänglich und dankbar ist. Hier gilt die Mahnung des Gralskünders Manfred *Kyber*:

„Über allem, was atmet, halte schirmend,
Geweihter des Grals, Deinen Schild.
Denn in allem, was atmet, bist du
Und dein Leben und Gottes Ebenbild".

Die Einheit allen Lebens, sagt Meister *Eckehart,* „ist nicht nur Wesens-Einheit, sondern auch Wirkens-Einheit". Darum gab Albert *Schweitzer* einem Lebensgesetz Ausdruck: „Ethisch, menschlich ist der Mensch nur, wenn ihm das Leben als solches, das der Pflanzen und Tiere wie das des Menschen, gleichermaßen heilig ist und wenn er sich dem Leben, das in Not ist, helfend zuneigt".

Mit jedem tätigen JA zu Mensch und Tier offenbaren wir unser Menschentum, unsere *Menschlichkeit,* d. h. Bewußtsein, daß wir als Hüter des Grals, als Verkörperungen des Geistes der Liebe, die Aufgabe haben, fremde Leid wie eigenes zu lindern

und zu mindern und da Glück aller zu mehren. Mit *Kyber* besinnen wir uns:
„Auch die Tiere sind deine Brüder und Schwestern,
Mit dir in die Kette der Dinge gereiht.
Erst wenn das letzte Geschöpf befreit ist,
Bist du, Befreier, selbst befreit".
Wer hingegen anderen Wesen Leid bereitet oder ihre Not nicht verhindert oder lindern hilft, der kränkt den Gott, den er im Herzen trägt, und mindert seine eigene Glückwürdigkeit und -fähigkeit.

Unser JA zur Liebe zu Mensch und Tier entspringt dem Geist der Einheit und der Erkenntnis unserer Kraft, Bestimmung und Fähigkeit, denen zu helfen, die noch schwach und elend sind, verfolgt werden oder leiden.

In dem Maße, wie wir sie bejahen und ihnen brüderlich beistehen, ihnen unsere lichte Seite zukehren, erhöhen wir unsere innere Sonnenhaftigkeit und werden zu Licht-, Kraft- und Lebensspendern für immer mehr Wesen. Im gleichen Maße erfahren wir, daß gegenseitige Hilfe die optimale Form positiver Selbsthilfe ist und daß wir hundertfach ernten, was wir um unserer Mitgeschöpfe willen säten.

Bejahen wir darum täglich aufs neue:

„Weil ich überall das Gute, das Göttliche sehe, bejahe ich das brüderliche Zusammenwirken mit meinen Mitmenschen und meine Hilfsbereitschaft gegenüber jedem Wesen, das ihrer bedarf. Ich bejahe alle Wesen als Kinder des gleichen Gottes und damit als meine Brüder und Schwestern.

Ich sehe Gott in allen meinen Beziehungen zur Umwelt am Werke und denke und handle als Kind des Ewigen im Geiste der Einheit. Ich fühle und bejahe, daß ich im gleichen Maße von Gott geliebt werde und in Gott geborgen bin.

Ich danke dir, Gott, für jede Gelegenheit, meinen Nächsten dienlich zu sein. Was ich tue, tue ich im Geiste gegenseitiger liebevoller Förderung. Ich bin glücklich, daß ich immer mehr Gelegenheiten wahrnehme und nützen kann, das Gute zu meh-

ren. Ich sehe in allem das Gute und fühle, wie die Liebe meinen Weg ebnet.

Ich sehe in allen Wesen Boten Gottes, die im Geist der Gegenseitigkeit Gutes wirken. Ich sehe sie mit den Augen Gottes als liebenswert, als von Frieden und Freude, Kraft und Gesundheit erfüllt und vom Geist der Liebe geleitet. Ich weiß mich mit ihnen allen eins und segne sie. Das ist mein Dank für die Liebe und Hilfe, die ich selbst immerfort empfange!"

Frieden

Aus der Erkenntnis der inneren Einheit allen Lebens entspringt die Bejahung des *Friedens* als der natürlichen Grundlage des Gedeihens aller.

Dieser seiner Einheit mit dem Nächsten, mit allen Menschen, mit allem Leben auf Erden und im All und mit dem Ewigen kann sich *jeder* auf dem Wege der Selbst-Besinnung lebendig bewußt werden. Im gleichen Maße entweichen Unruhe und Unfriede aus seinem Herzen und aus seinem Leben.

Der Mystiker sieht überall in der Welt den *Frieden Gottes*. Der Mensch kann diesen Frieden stören – aber er kann nicht verhindern, daß er auch in die dunklen Reiche des Unfriedens, Streits und Kriegs eindringt und schließlich siegt.

Wie weit einer Frieden findet, hängt, wie Wilhelm von Humboldt erkannte, „immer von jedem selbst ab. Der Mensch braucht zu seinem Glück nichts als Frieden, und er braucht, um diesen zu besitzen, nichts als sich selbst". Darum betet der Mystiker mit *Franz von Assisi:*

„O Herr, mache mich zu einem Werkzeug deines Friedens, daß ich Liebe übe, wo man haßt; daß ich Verzeihung gewähre da, wo man sich beleidigt; daß ich versöhne, wo Streit ist, und Hoffnung erwecke, wo Verzweiflung quält; daß ich ein Licht anzünde, wo Finsternis regiert, und daß ich Freude bringe, wo der Kummer wohnt ...

... Ach, Herr, laß mich allezeit trachten, nicht, daß ich getröstet werde, sondern daß *ich* tröste; nicht, daß ich verstanden werde, sondern daß *ich* verstehe; nicht, daß ich geliebt werde, sondern daß *ich* liebe. Denn wer da willig hingibt, der empfängt; wer sich selbst vergißt, der findet; wer verzeiht, dem wir verziehen, und wer da stirbt, der erwacht zum ewigen Leben".

Bewahren und erhalten wir im Geiste der Mystiker zuerst den Frieden in uns selbst, können wir ihn auch der Umwelt bringen und werden ihn im gleichen Maße von ihr empfangen.

So ist das JA zum Frieden Ausdruck der Einsicht, daß *jeder* zum Frieden auf Erden aktiv und positiv beitragen kann, indem er sich in Gedanken, Worten und Taten als Hort des Friedens, als strahlendes Zentrum der Einmütigkeit und brüderlichen Zusammenarbeit für immer mehr Wesen erweist und als *Friedenbringer* den Geist der Friedfertigkeit und Eintracht in der Welt ausbreiten hilft.[6]

Wer JA zum Frieden sagt, bejaht mit Albert *Schweitzer*, daß er auch in der heutigen turbulenten und friedlosen Übergangszeit, in der noch immer „Die Gewalttätigkeit, in Lüge gekleidet, auf dem Thron der Welt sitzt, überzeugt bleibt, daß Friedfertigkeit und Wahrheit, Liebe, Sanftmut und Güte *die* Mächte sind und bleiben, die aller Gewalt überlegen sind ...

... Ihnen wird die Welt gehören, wenn nur genug Menschen die Gedanken der Liebe und Friedfertigkeit unentwegt rein und stark denken und leben ... Worauf es ankommt, ist, daß wir darum ringen, *daß Licht in uns sei*. Denn wo Licht im Menschen ist, strahlt es aus ihm heraus". Und dann entzündet es auch in den anderen den Wunsch und Willen zur Einmütigkeit

---

[6] Praktische Anleitungen dazu gibt das „Manifest des Friedens". Ein Ruf zur Besinnung von Rudolf Zimmer und K.O. Schmidt. (Frick Verlag, Pforzheim).

und Einigkeit und dient so der Verwirklichung des Friedens auf Erden.

Für die universale Bewegung des Friedens wirkt *der* am vollkommensten, der sich selbst in seinem Denken, Wollen und Handeln bewußt auf den Frieden hin bewegt: es leitet ihn vom inneren Frieden weiter zum Frieden mit der Umwelt und verhilft ihm schließlich zum Höchsten: zum Frieden und Einssein mit dem Ewigen, zur Harmonie mit dem Unendlichen.

Bejahen wir darum von ganzem Herzen:

„Mein Herz, meine Seele und mein Leben ist vom Geist des Friedens erfüllt. Dieser Friede ist von nichts Äußerem abhängig, er ist Folge der inneren Gegenwart Gottes und darum unerschütterlich. Aus diesem inneren Frieden schöpfe ich allezeit Ruhe und Gelassenheit, Kraft und Mut zum Tun des Guten. Der Friede in mir macht mich allen Stürmen des äußeren Daseins überlegen.

Ich bejahe und bewahre meine Friedfertigkeit in allen Dingen des Lebens und Zusammenlebens, die durch nichts Äußeres getrübt und gestört werden kann. Ich vertraue der Verheißung: ‚Selig die Friedfertigen, denn sie werden Gottes Kinder heißen'. Als Gotteskind bin ich Träger und Strahlungsherd des Friedens und der Eintracht.

Mein ganzes Wesen atmet Frieden und teilt ihn der Umwelt mit. Er bewirkt, daß mir alles in Frieden und Freiheit gelingt, was ich im Geiste der Einheit unternehme.

Mache mich, Gott, zu einem Werkzeug deines Friedens und deiner Liebe! Erfülle mein Herz immer von neuem mit jenem Frieden, der höher ist als alle Vernunft, damit ich dem Frieden unter den Menschen und in der Welt diene!"

Einheit der Menschheit

Jedes JA zum Frieden gründet, wie dargetan, in der Erkenntnis und Bejahung des alle Wesen Verbindenden und Einenden. Dies Bewußtsein der Einheit führt im Endergebnis zur Bejahung der *Einheit der Menschheit.*

Diese globale Einheit beginnt mit der Selbstbesinnung des Einzelnen und der Verwirklichung seiner inneren Einheit, findet ihre Fortsetzung in der Einheit mit dem Nächsten und ihre Gipfelung im Einssein der Menschheit mit dem Geist des Lebens.

Darum ist unser *JA* zur Liebe und zum Nächsten letztlich immer ein *JA* zur Geeinten Menschheit. Es trägt dazu bei, daß der Geist, der das Kraftfeld unseres Wesens und unserer Liebe bestimmt und leitet, immer mehr Wesen anspricht und mit der gleichen Gestimmtheit und Gesinntheit erfüllt, also die noch weithin latente innere Einheit aller aktiviert und auch nach außen hin segenbringend wirksam werden läßt.

Das ist notwendig, denn, wie der Dichter sagt, „arm ist, wer in seinem engen Kreis das Ich gefangen hält; aber denen, die ihn sprengen, blüht und duftet reich die Welt".

Du kannst, sagt Schiller, „von der Menschheit nie groß genug denken; wie du im Busen sie trägst, prägst du in Taten sie aus". Gleiches meinte Schleiermacher: „Um Religion zu besitzen, muß der Mensch erst die *Menschheit* gefunden haben, und er findet sie nur in Liebe und durch Liebe", und das Wort des Mystikers: „Die Menschheit wird von Menschlichkeit bezwungen und zur Einheit gebunden".

Das JA zur Einheit erfließt auch aus der Erkenntnis der gegenseitigen Bedingtheit des Schicksals des Einzelnen und der Gesamtheit und aus der Wahrheit, daß der Einzelne weit mehr zur Wandlung des gemeinsamen Schicksals beiträgt, als er ahnt:

Wie jedes zweifelnde oder verbitterte *Nein* zu den Erfahrungen des Daseins und zur Umwelt diese widriger, leidiger und unerträglicher gestaltet, so macht jedes frohe JA das Leben und Zusammenleben ertragreicher, harmonischer und glücklicher.

Das JA zur Einheit der Menschheit macht es unmöglich, daß Unwille, Verneigung und Haß gegen andere in uns aufkommen können, daß wir weltanschaulich, politisch derer Völker und Rassen ablehnen.

Nur äußerlich sind wir alle verschieden und getrennt, innerlich aber sind wir alle gleich und eins. Wer das erkannt hat, wird selbst in der Einsamkeit der Allgemeinsamkeit bewußt und schöpft aus dem inneren Verbundensein mit seinesgleichen die Kraft und den Mut, im Geiste der Einheit Leben und Schicksal erfolgreich zu meistern.

Nichts ist befreiender als dieses Gewißsein, daß das eigene Wesenskraftfeld mit dem der anderen unlösbar sympathisch verbunden ist und daß wir alle durch das Urkraftfeld des Geistes *eins* sind. Diese Einheit der Menschheit ist eine dynamische Realität, die den, der sie bewußt bejaht, mit der Kraft und dem Geist des Ganzen erfüllt.

In diesem JA zur Einheit der Menschheit liegt der Schlüssel zur *All-Einheit* als Ausdruck der All-Liebe der Gottheit. Justinus *Kerner* gab seinem Vertrauen zu dieser göttlichen All-Liebe auf schlichte Weise Ausdruck:

„Weiß nicht, woher ich bin gekommen,

Weiß nicht, wohin ich werd' genommen.

Doch weiß ich fest, daß über mir ist

Eine Liebe, die mich nie vergißt",

weil diese göttliche Liebe alles Leben nicht nur auf unserem Heimatplaneten, sondern auf allen Welten im All umfaßt, durchglutet und eint. Für alle Wesen im Universum, gleich, auf welcher Entwicklungsstufe sie stehen, gilt das Apostel-Wort (Johs. 4, 16): „Gott ist Liebe, und wer in der Liebe bleibt, der bleibt in Gott, und Gott bleibt in ihm".

Diese All-Einheit ist das hohe Ziel der Mystiker, das Hölderlin meint: „Eins zu sein mit allem, das ist Leben der Gottheit, das ist der Himmel des Menschen".

JA zum Einssein mit dem Ewigen

„In der Einheit hat alles seine Erfüllung gefunden in einer so freien und natürlichen Weise, daß die Seele in Gott und von Gott lebt so unbefangen, wie der Körper von der Luft lebt, die er einatmet". Mme. Guyon

Das endgültige und größte JA ist unser *JA zum Einssein mit dem Ewigen*. Es ist der Abschluß des Weges sinnerfüllter Lebensgestaltung, wenn auch nicht das Ende des Weges vom Ich zum Selbst, vom Selbst zum All-Selbst, von Gott zur Gottheit.

Es eröffnet uns den höchsten Ausblick in das über uns seiende Unendliche. Mit Recht betonte *Goethe,* daß „nicht das uns frei macht, daß wir nichts über uns anerkennen wollen, sondern eben, daß wir etwas verehren, das über uns ist. Denn indem wir es verehren, heben wir uns zu ihm empor und legen durch unsere Anerkennung an den Tag, daß wir das Höhere in uns tragen und wert sind, seinesgleichen zu sein".

Es gibt in der Tat nichts Befreienderes als das Erwachen zur Wahrheit und zur Gewißheit, im Einklang zu sein mit der lebendigen Ordnung im All, eins zu sein mit dem Unendlichen Geist des Guten und mit dem Strom des Lebens, der uns immer höherer Vollkommenheit entgegenträgt.

Im Blick auf dieses Kosmische Bewußtsein sagt *Iellinek:* „Wenn wir unsere Wesenseinheit mit Gott erkannt, Unsterblichkeit, All-Liebe, Allgerechtigkeit und All-Macht erreicht haben, gewahren wir erst das über alles uns Bewußte hinausragende Grandiose, das Majestätische, das Ungeheuerliche des All-Einen: die *All-Einheit.* Und dann erfaßt uns ein Schauer, dann gibt es nur noch ein Stammeln und ein Jauchzen der Befreiung. Dann kommen wir erst in die absolute Freiheit, dann gibt es keinen Zweck, kein Gutes und Böses, kein Bewußtes und Unbewußtes mehr, sondern nur noch das Sich-Ergießen in die unendliche Freiheit, ein ungeheures Kräftespiel, ein einziges ungeheures All-Leben".

Wer dazu gelangt und sich mit dem Ewigen eins weiß, der sieht sich selbst, die Welt und das Leben im Lichte der Ewigkeit. Er ist aus einem mitleidenden zum mitleidigen Zuschauer des kosmischen Lebensspiels geworden.

Die Kraft zu diesem alles überwindenden JA schöpft er aus dem höchsten Gewißsein, zu dem jeder gelangen soll und kann:

„Ich und der Vater sind eins". Ich bin eins mit dem Geist des Lebens. Die Kraft des Ewigen ist in mir und wirkt durch mich! Sie verbürgt den Aufstieg meines Selbst zum All-Selbst und gleichermaßen aller Wesen ewigen Aufstieg.

Jedes JA zum Einssein mit dem Ewigen aktiviert und vertieft unser lebendiges Verbundensein mit dem Urquell allen Lebens, verstärkt das Gewißsein der Unzerstörbarkeit unseres Wesenskraftfeldes und seiner fortschreitenden Einung mit dem Urkraftfeld des Ewigen.

Im gleichen Maße wird uns bewußt, daß der Tod kein Ender ist, sondern ein Wender, ein Wechsel des Kleides, der seinen Träger, den Lichtgeist in uns, unverändert läßt.

Was mit diesem JA lebendig wird, ist Ziel und Verheißung aller Religionen. Religion ist ja nichts, was von außen kommt, nicht Lehre und Bekenntnis, sondern Tat: sie ist der Aufgang des inneren Lichts und das Erwachen der Seele für die Wahrheit, der Jakob *Boehme* Ausdruck gab:

„Sage nicht, daß du nicht in Gott lebst oder bist oder daß Gott etwas Fremdes sei, zu dem du nicht kommen kannst! Denn wo du bist, da ist die Pforte Gottes, der Eingang zum Ewigen. Er ist *in dir* mit all seinem Wesen und all seiner Kraft".

Nichts ist beseligender als dieses Erleben der Einheit des eigenen Selbst mit dem ewigen Urgrund der Welt. Seit je haben Mystiker von diesem Einssein gekündet, das dann eintritt, wenn alles, was geringer ist, gelassen und von uns getan ist.

Die christlichen Mystiker sprechen im Blick auf diese letzte Etappe von der ‚*via unitiva*', dem Weg der Einswerdung. *Angelus Silesius* preist den, der diesen Weg geht:
„Zeit ist wie Ewigkeit und Ewigkeit wie Zeit,
So du nur selber nicht machst einen Unterschied.
Mensch, wenn du deinen Geist zwingst über Raum und Zeit,
So kannst du augenblicks sein in der Ewigkeit ...
... Ich selbst bin Ewigkeit, wenn ich die Zeit verlasse Und mich in Gott und Gott in mich zusammenfasse".

In dieser Einswerdung, fügt der Frankfurter Deutschherr hinzu, „steht der innere Mensch unbewegt im Bewußtsein der Einheit; nur den äußeren Menschen läßt Gott weiter hin und her bewegt werden von diesem zu dem, was da ist und gerade getan werden muß. Dabei hat der Mensch kein Warum und kein Ziel als allein: den Willen Gottes zu erfüllen und Wirker der Einheit zu sein".

Noch eindeutiger und kürzer faßte Meister *Eckehart* es zusammen: „Seelengrund und Gottesgrund sind *ein* Grund!"

Jedes JA zu dieser Wahrheit und damit zur religio – zum gemeinsamen Kern aller Religionen – macht uns unser tief inneres Einssein mit dem Ewigen lebendiger bewußt.

Und was sind Gebet, Meditation und Kontemplation anderes als ein dynamisches JA zu diesem Einssein: wir gehen in die Stille, um uns im Einssein mit dem Lichtreich des Ewigen mit neuer Kraft zu erfüllen. Dazu wollen sie uns verhelfen: zur Kraftberührung mit der geistig-göttlichen Welt, zum Innewerden unserer Harmonie mit den Heilsquellen des Unendlichen, zur Besinnung auf den letzten und höchsten Sinn unseres Menschenseins und auf unser immerwährendes Geborgensein im Ewigen.

Die Mystiker bezeichnen diese Vollendungsstufe als das Erwachen zum Kosmischen Bewußtsein. Am deutlichsten hat Meister *Eckehart* die Stufen des Weges dorthin aufgezeigt. Er ist diesen Weg bis ans Ende und darüber hinaus gegangen. Er schaute die

Unermeßlichkeit des Universums und der geistigen Welten. Zugleich beseligte ihn das Einssein mit der Gottheit als dem unbewegten Urgrund aller Welten und Überwelten. Er fühlte sich nicht mehr als Tropfen im All-Ozean, sondern als das unergründliche uferlose Meer der Gottheit selbst ...

Gottunmittelbarkeit

Der Mystiker Johannes Fernando *Finck* bezeichnet dieses Gipfelerlebnis höchsten Einsseins als ‚*Gottunmittelbarkeit*'. Hier ist Gott nicht wie in der Welt der Erscheinungen ein Gegenüber, hier ist kein Ich und kein Du mehr, sondern hier ist nur das einige ICH-BIN:

„Ich bin Er, den ich lebe, und Er ist ich. Wir sind zwei Wesenheiten in einem Körper. Wenn du mich siehst, siehst du ihn, und wenn du Ihn siehst, siehst du uns".

Als Meister *Eckehart* zu diesem Kosmischen Bewußtsein der Gottunmittelbarkeit erwachte, jubelte er:

„Gottes Leben ist mein Leben, sein Wesen ist das meine. Dies ist nicht ein Zu-Gott-Werden, sondern Gott-Sein. In diesem ewig unwandelbaren Sein ist kein Ich und Du, sondern nichts als Gott in Gott. Hier ist die Seele nicht Gott gleich oder ähnlich; sie ist ganz mit ihm eins und eben das selbe, was Er ist. Die Seele ist aufgegangen in Gott, und Gott ist in der Seele aufgegangen; es ist da ein völliges Aufgehen des Einen in dem Anderen. Die Seele hat hier das selbe Wesen, Wissen, Erkennen und Wirken wie Gott ...

... Dieses Durchbrechen der Schranken der Ichheit und der Endlichkeit ist viel herrlicher und beseligender als das ursprüngliche Hervorgehen aus Gott vor allem Weltenwerden. In diesem verhielt ich mich als Kreatur; aber in jenem Durchbrechen bin ich über mich selber und alle Kreatürlichkeit erhoben und erhaben: ich bin das, was ich immer war und was ich jetzt und in alle Ewigkeit bin ...

... Wenn die Seele solchermaßen zum Einssein mit dem Unerschaffenen gelangt, verliert sie ihren Namen. Gott zieht sie völlig in sich. Darum will ich nicht weiter von der Seele reden; denn sie hat dort, in der Einheit des göttlichen Wesens, ihren Namen verloren. Dort heißt sie nicht mehr Seele, sondern: unermeßliches Wesen".

Damit ist, wie Eckehart sagt, der göttliche Ruf beantwortet, der in jeder Menschenseele ertönt: „Ich bin euch Mensch geworden, seid ihr mir nun nicht Götter, so tut ihr mir Unrecht".

Der Frankfurter Deutschherr, der Verfasser der „Theologia deutsch", bekannte sich zu diesem Wort: „Ein Mensch der durchlichtet und durchglänzt ist mit dem ewigen göttlichen Licht und entzündet und entbrannt ist in der ewigen göttlichen Liebe, ein solcher Mensch ist ein durchgotteter oder göttlicher Mensch".

Ewiger Aufstieg

Das Erwachen zum Kosmischen Bewußtsein der All-Einheit ist, von höchster Warte aus gesehen, nicht des Weges Ende, sondern nur seine für unser gegenwärtiges Verständnis höchste Gipfelung. Wer diesen Gipfel erreicht hat, erkennt in der Ferne einen noch höheren Gipfel und wird erschauernd seiner Aufgabe ewigen Aufstiegs zu einem noch umfassenderen Reich der überseienden Gottheit bewußt.

Was er vorher erkannte: die hierarchisch gegliederte Stufenfolge immer lichterer und mächtigerer geistiger Wesenheiten, Reiche und Kosmokratoren bis hinauf ins Herz der Weltengottheit, hat seinen schwachen Abglanz schon in der Sinnenwelt:

Auch hier kennt das Leben keinen Stillstand. Alles schreitet unaufhörlich vorwärts und aufwärts, zu immer höheren Formen der Selbstverwirklichung. Auch wir Menschen wachsen nicht nur bis zur Schulentlassung und Reife, sondern entwickeln uns zeitlebens innerlich weiter, schreiten wie alles Lebendige unablässig voran. Als geistige Wesen sind wir auf immerwährendes Wacher- und Reiferwerden angelegt, auf das Größer- und Reicher-werden an Kräften und Fähigkeiten, auf fortschreitende Vollendung.

Unzählige noch unbekannte Energien und Begabungen warten in uns darauf, daß ihre Stunde kommt und daß ihnen Aufgaben gestellt werden, deren Meisterung unser Wesenskraftfeld erweitert, unseren Lebens- und Wirkensbereich vergrößert.

Wir fördern, wie wir sahen, die Selbstentfaltung durch jedes JA zum Leben und Schicksal und zu unserm Aufstieg zu immer höheren Gipfeln des Seins und Überseins.

Wie das göttliche ‚Es werde!', von dem die Schöpfungsgeschichte berichtet, ein JA ist zum Universum mit allem, was es an Leben und Bewegung in sich birgt, so ist jedes JA zu unserem und aller Wesen ewigem Aufstieg ein „Es werde!" für den eigenen wie für den gemeinsam Aufstieg zu immer geistwürdigeren Bedingungen und in eine Zukunft hinaus, deren Größe wir heute noch nicht zu fassen vermögen.

Jedes JA ist eine werdefrohe Selbstäußerung unseres innersten Wesens und Ausdruck der Gewißheit, daß dieses Aufwärts kein Ende hat.

Von den Mystikern, die uns auf diesem Höhenpfad vorangegangen sind, sagt Ricarda *Huch*: „Der Aufschwung Einzelner zur Gottheit bildet mit den Wenigen, die ihnen folgen, die diamantene Kette, die das Irdisch-Vergängliche an das Ewig-Künftige bindet".

Darum dürfen wir von ganzem Herzen bejahen:

„Ich bin eins mit der göttlichen Führung, die auf mein ewiges Vollkommenerwerden zielt und mich immerfort aufwärts, lichtwärts, gottwärts leitet. Ich überlasse mich dem liebevollen Wirken Gottes und bejahe mein geistiges Wachstum, das kein Ende hat. Und ich danke Gott für diesen ewigen Aufstieg zu immer höheren Gipfeln der Vollendung!

Weil ich um mein Berufensein zu ständigem Aufstieg weiß, setze ich mir immer höhere Ziele, denen ich siegüberzeugt zu-

strebe. Ich setze dabei mein Vertrauen auf die immerwährende Hilfe von oben.

Ich segne mein Vermögen, ständig an Liebe und Kraft, Erkenntnis und Weisheit zu wachsen. Mein Weg ist ein Höhenweg fortschreitender Wesenserweiterung, Reifung, Vervollkommnung und Durchgottung".

Von diesem ewigen Aufstieg kündete schon Salomo (2, 23): „Gott hat den Menschen geschaffen zum ewigen Leben und hat ihn gemacht zu seinem Bilde, daß er gleich sein soll, wie Er ist". So sieht es auch ein Weiser unserer Zeit, Bö Yin Rä:

„Alles ist Stufe!
Und werde mir selber Stufe.
So finde ich meine Unendlichkeit,
Indem ich ewig neue Stufen steige ...
... Und ewig bin ich selbst die Stufe ..."

Der Geschichtsphilosoph Ernst *Renan* ahnte es: „Wer weiß, ob die letzte Stufe des Fortschritts, in Millionen von Jahrhunderten, nicht das vollkommene Bewußtsein des Weltalls und in diesem Bewußtsein das Innewerden all dessen, was je gelebt hat, herbeiführen wird", nämlich das Einssein mit dem All-Bewußtsein.

Eben dies haben Mystiker seit je als Wirklichkeit erfahren. Sie sind auf der All-Bahn des Lebens zu Gipfeln emporgestiegen, die so unendlich hoch sind, daß Menschenworte hier versagen, wie sie selbst auch nur stammelnd davon künden oder – schweigen.

Die überweltliche Gottheit

Ein Kreis ist vollendet, wenn der Gottfunke in uns zu seinem göttlichen Ursprung heimgekehrt ist.

Aber in der Gottunmittelbarkeit eröffnet sich dem göttlichen Selbst ein abermals höheres Reich: das der überweltlichen Gottheit.

Doch selbst unter den Mystikern waren es nur Einzelne, die das JA zur Gottheit über die Gottunmittelbarkeit hinausführte ins Unbetretene, nirwanisch Ungewordene, ins überseiende Nicht- oder Ursein der Gottheit.

Und nur Einzelne, vor dem Selbst-Erwachen Stehende, werden Meister *Eckehart* verstehen, wenn er von der Gottheit kündet:

„Daß Gott ‚Gott' ist, dessen bin ich – als Seele – die Ursache. Gott hat sich von der Seele; daß er Gottheit ist, hat er von sich selber. *Gott* ist das, was die Seele als ihr Höchstes zu erfahren vermag; die *Gottheit* ist der unerkennbare Urgrund, die unberührbare Abgeschiedenheit, aus der Gott und die Welt sich erhoben. Sie ist das absolute überseiende Nicht-Sein".

Von diesem fernen Gipfel der Gottheitsbewußtheit wissen auch die Mystiker nur Weniges zu künden, weil das Unsagbare nicht ‚gewortet' werden kann. *Paulus* ahnte diesen Gipfel, als er seiner Erkenntnis Ausdruck gab: „Der Geist erforschet alles, auch die Tiefen der Gottheit".

Die Mystiker sprechen von der ‚weiselosen übergöttlichen Gottheit' als der, wie *Eckehart* sagt „unbewegten Abgeschiedenheit und letzten Einheit, in der Gott ewiglich gestanden ist und noch steht". Er erlebte sie als eine ‚Wüste der stillsten Stillheit', als ‚überseiende Nichtheit', weil alles, was von ihr ausgesagt wird, sie nicht trifft: „Die Gottheit ist von Form formlos, von Werden werdelos, von Wesen weselos ...

... Wenn die Seele zuerst in das Reich Gottes gelangt, besitzt sie Gott. Dringt sie weiter vor, wird sie mit seinem Wesen eins.

Ist sie noch unbefriedet, dringt sie weiter vor, um das Geheimnis der unoffenbaren Gottheit zu ergründen, das unerfahrene überseiende Nicht-Sein ihres Wesens …

… Da ich noch stand in meiner ersten Ursache, da hatte ich keinen Gott: ich gehörte mir selber. Ich war da ein bestimmungsloses Sein, ein Erkenner meiner selbst in göttlicher Wahrheit. Da wollte ich mich selber und nichts sonst. Und was ich wollte, das war ich. Als ich aber aus diesem meinem freien Willen hervortrat und mein geschaffenes Wesen erhielt, hatte ich einen Gott. Denn ehe die Kreaturen nicht waren, war Gott nicht Gott. Und als die Kreaturen wurden, war er nicht aus sich selber Gott, sondern in den Kreaturen war er Gott. Und nun behaupte ich: Gott, bloß wie er Gott ist, ist nicht das Endziel der Schöpfung. Darum bitte ich die Gottheit, daß ich Gottes ledig werde".

Meister Eckehart berührt sich hier mit *Plotin,* der gleichermaßen Gott und Gottheit unterscheidet: Gott offenbart sich und ist erfahrbar; die Gottheit ist unoffenbart und unfaßbar. Der geoffenbarte Gott und die verborgene unoffenbare Gottheit sind so verschieden wie Tun und Nichttun.

„Gott ist heimlich verborgen unter der Lichtheit der Gottheit". Der transzendentale Gott ist Ausstrahlung und Individuation der übertranszendentalen Gottheit, von der die Mystiker nur aussagen können, was sie nicht ist. Sie ist ‚nicht nur von allem abgeschieden, sondern auch von der Abgeschiedenheit abgeschieden' …

Mit etwas anderen Worten sprach *Angelus Silesius* es aus:

„Was man von Gott gesagt, das g'nüget mir noch nicht: Die Übergottheit ist mein Leben und mein Licht". Im Blick auf die Gottheit schloß Jellinek sein Werk „Das Weltengeheimnis" mit dem Hinweis auf das, wozu die Stimme der Stille uns immerfort aufruft:

„Werft ab die letzte Fessel, die letzte Illusion! Gestaltlose Seelen, stürzt euch hinein in die gestaltlose Gottheit! Atmet auf, erkennt euch als das Einzige, als das All-Eine, als die absolute Weltengottheit, die Gott und die Welt geschaffen hat …

… In Wahrheit war und ist und wird immerdar nichts sein als das All-Eine. Nur dieses ungeheure All-Eine ist der Grund des Lebens in allen Wesen und Dingen. Alles Äußere und alles Innere, alle Welten und Überwelten sind all-eins".

Möge diese Offenbarung des Letzten und Höchsten mit einem Wort beschlossen werden, mit dem Meister *Eckehart* seine Kündung abschloß:

„Wer diese meine Rede nicht bis ins Letzte versteht, bekümmere sein Herz nicht damit. Denn solange er dieser Wahrheit nicht gewachsen ist, wird er diese Worte nicht verstehen. Denn es ist eine unbedachte Wahrheit, die gekommen ist aus dem Herzen Gottes unmittelbar …

… Daß uns allen ein Leben beschieden sei, in dem wir es selber erfahren und erkennen, dazu helfe uns Gott!" ❖

Wer war K. O. Schmidt?

K. O. SCHMIDT gehörte seit Jahrzehnten zu dem Kreis derer, die durch ihre Veröffentlichungen auf dem Gebiet geistigen Schrifttums in der Sprache unserer Zeit echte Lebenshilfe zu geben vermochten. In über 100 Buchtiteln in einer Auflage von ca. zwei Millionen sind seine Werke in verschiedenen Sprachen erschienen.

Der gebürtige Schleswig-Holsteiner wurde schon in frühen Jugendjahren durch seine Mitarbeit in der Neugeist-Bewegung nach Süddeutschland verschlagen. Als Stadtbibliothekar der Stadt Reutlingen ist sein Wirken schon Legende geworden.

So ist es auch kein Zufall, daß er in Anerkennung seines Schaffens das Bundesverdienstkreuz der Bundesrepublik Deutschland und aus der geistigen Welt der U.S.A. den Ehrendoktortitel verliehen bekam.

Der bekannte Zeitungsmann E. A. Graf zu Münster schrieb einmal über ihn:

„... still und gelassen, doch mit nie versiegender literarischer Fruchtbarkeit auf eine weit verstreute Leserschaft einwirkend, spendete K. O. Schmidt in seinen Jahr um Jahr erscheinenden Lebensbüchern Geistesfrüchte, die er nicht hastig am Wege aufgelesen, sondern in verblüffend weit umgreifenden Studien außerhalb akademischer Trampelpfade sich erarbeitete, danach für den Leser eingängig gemacht hat ... ‚Rezepte zum Überleben', wobei Überleben bei K. O. Schmidt eben nicht passives Vegetieren am Rande der Erschöpfung heißt, sondern bewußt und starkmütig gehaltener Standpunkt bedeutet."

K. O. Schmidt war ein „stiller Besessener", der aus der Weisheit Jahrtausender schöpfte und sie für den Alltag zu fassen verstand, ein Dolmetscher und ein aus der Erfahrung lebensnaher Beratertätigkeit eigene Gedanken entwickelnder praktischer Psychologe zugleich, der auch nach seinem Heimgang im Jahr 1977 unsterblich wurde durch seine Werke.

Weitere Lebensbücher von K. O. Schmidt:

GEDANKEN SIND WIRKENDE KRÄFTE
Anleitung zur Selbsterstarkung; 111 S.; ISBN: 978-3-920780-26-9

OHNE FURCHT LEBEN
Daseinsmeisterung durch Psycho-Elektronik, 184 Seiten
ISBN: 978-3-920780-21-4

HEILSTRÖME UND KRAFTFELDER DES GEISTES –
Wesen und Fernwirkung der geistigen Heilkraft
(2. erweiterte Auflage, 110 Seiten); ISBN: 978-3-920780-31-3

EIN NEUES LEBEN FÜR DAS ALTE –
Von den Gegenwartssorgen zu den Erfolgen von morgen, 138 S.
ISBN: 978-3-920780-23-8

PRENTICE MULFORD: EINER, DER ES WAGT!
Leben und Werk Prentice Mulfords, des geistigen Vaters der modernen Psychodynamik; 424 Seiten; ISBN: 978-3-920780-30-6

SEI GEHEILT!
Die Heilwunder Jesu auch heute möglich, 160 Seiten;
ISBN: 978-3-920780-33-7

DER INNERE ARZT
Einführung in Wesen und Praxis der geistigen Heilung; 142 S.
ISBN: 978-3-920780-60-3

MAGIE DER FREUDE
Wege zu froher Lebensgestaltung,
127 S. ISBN 978-3-920780-32-0

DIE INNERE SONNE – PLOTINS LEHRE VOM EINEN
Jeder Mensch trägt den Funken des Göttlichen in sich, 138 Seiten
ISBN: 978-3-920780-49-8

KEHRET WIEDER, MENSCHENKINDER!
Reinkarnation aus christlicher Sicht (Leinen, 208 Seiten);
ISBN: 978-3-920780-27-6

DER POSITIVE MENSCH
Anleitungen zur Selbsthilfe von A-Z.
2 Bände. Band I: A-M. ISBN 978-3-920780-47-4. kt, 168 Seiten
Band II: N–Z. kt, ISBN 978-3-920780-53-5. kt, 180 Seiten

Artikel von K. O. Schmidt finden Sie auch in

 Zeitschrift für dynamische Lebensgestaltung

Themenschwerpunkte: Positives Denken, Religion, Esoterik

Bücherverzeichnis und Probe-Exemplar der Zeitschrift bitte anfordern bei:
Frick Verlag • Postfach 447 • 75104 Pforzheim
Tel. 0 72 31 - 10 28 42 – Fax 0 72 31 - 35 77 44
http://www.frickverlag.de
e-mail: info@frickverlag.de

   Esoterik

Stefan von Jankovich • **Schulplanet Erde** *2 Bände*

Wir kommen nicht von ungefähr in diese Welt – und auch wenn wir sie wieder verlassen, ist nicht „alles zu Ende". Denn: Wir leben nicht nur einmal! Alles in unserem Leben ist sinnvoll, ist Teil eines fortgesetzten Wachstumsprozesses.
Bd I „*Der Mensch in der Schöpfung*" *ISBN 978-3-920780-63-4. kt, 274 S.*
Bd II „*Der Mensch im Alltag*" *ISBN 978-3-920780-67-2. kt, 306 Seiten*

Eric Butterworth • **Im Strom des Lebens**

Glück und Lebenserfolg hängen nicht von äußeren Gegebenheiten ab – sie können durch das eigene Bewußtsein gesteuert werden! Wenn Blockaden im eigenen Denken und Fühlen abgebaut werden, öffnet sich der Zugang zum „Strom des Lebens".
ISBN 978-3-920780-56-6, kt., 174 Seiten

Hermann Bauer • **Wiedergeburt**
  Glaube der Urchristen – Tabu für Kirchenchristen?

Die Lehre von der Wiedergeburt war im frühen Christentum verbreitet. Warum sah sich die Kirche durch diese Lehre so bedroht, daß sie sie um die Mitte des 6. Jahrhunderts mit einem Bannfluch belegte?
ISBN 978-3-920780-72-6; 202 Seiten

J. Sig Paulson • Lasse dein Licht leuchten
„Lasse dein Licht leuchten" ist ein „Führer zur inneren Kirche" und ein Leitfaden zur Entwicklung der inneren Quellen von Liebe, Phantasie, Autorität, Begeisterung und Weisheit – ein Ratgeber, der hilft, die Fähigkeit zur Selbstannahme und zur Annahme der Mitmenschen zu entfalten. Paulson zeigt, warum wir allen Anlaß haben, unser Licht nicht 'unter den Scheffel zu stellen'.
199 Seiten, gebunden mit Schutzumschlag, ISBN 798-3-920780-41-2

Thomas Webel • Heilen, der vergessene Auftrag Jesu ... und was wir tun können
Die ursprüngliche Botschaft Jesu ist eine Heilslehre, die den ganzheitlichen Menschen in den Mittelpunkt stellt. Das aber ist in der Lehre der Kirche weitgehend in Vergessenheit geraten. Zu oft wird der Aspekt des *liebenden* Gottes, den das Neue Testament betont, außer acht gelassen. – Thomas Webel, Pfarrer, ausgebildeter Psychotherapeut und Meditationslehrer, will mit diesem Buch zeigen, daß die christliche Utopie einer „Gemeinschaft der Heiligen", der heilen und heilenden Menschen, konkrete Wirklichkeit werden kann.
312 Seiten, ISBN 978-3-920780-62-7

Emmet Fox • Die Bergpredigt
Dieses Buch zählt längst zu den „Klassikern" des Neuen Denkens christlicher Prägung. Fox erläutert einen der grundlegendsten Texte des Neuen Testaments und zeigt seine zeitlose Aktualität auf: Gerade auch für Menschen von heute kann „Die Bergpredigt" richtungweisend werden für ein neues Verständnis der universalen Lebensgesetze. – Eine Einführung in das metaphysische Christentum.
164 Seiten, ISBN 978-3-920780-17-7

James Dillet Freeman • Leben in der vierten Dimension
Es sind die glückhaften Momente des Daseins, die kleinen und großen Wunder im Alltäglichen, die James Dillet Freeman uns ins Bewußtsein rufen möchte. Freemans Essays sind wie intensive Kurzaufnahmen der Wirklichkeit. Sie lassen sich lesen wie Bildmeditationen – und wecken die Entdeckerfreude des Lesers, sich auch selbst den Dingen seines Alltags wieder mit ursprünglichem, unverstelltem Blick zu nähern.
160 Seiten, ISBN 978-3-920780-46-7

www.ingramcontent.com/pod-product-compliance
Lightning Source LLC
Chambersburg PA
CBHW030352170426
43202CB00010B/1352